Puente entre siglos

Venustiano Carranza

TEZONTLE

Puente entre siglos

Venustiano Carranza

Enrique Krauze

Investigación iconográfica: Aurelio de los Reyes

Asistente de investigación: Margarita de Orellana

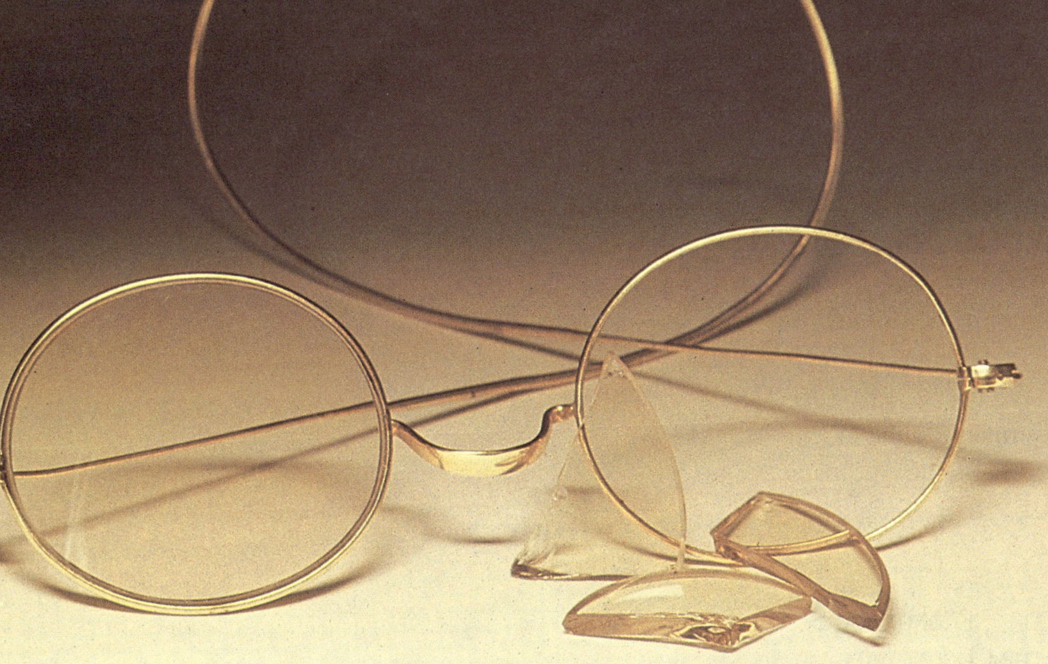

Biografía del poder / 5

FONDO DE CULTURA ECONÓMICA

Primera edición, 1987
Quinta reimpresión, 2002

Agradezco la ayuda de las siguientes personas: María Teresa Alarcón, Patricia Arias, Aurelio Asiáin, Federico Barrera Fuentes, Florencio Barrera Fuentes, Rafael Carranza, Adolfo Castañón, Julio Derbez, Lila Díaz, Javier García-Diego, Renée González, Moisés González Navarro, Luis González y González, Julio Gutiérrez, Alicia Hernández, Juan Carlos Ibarra, Alberto Isaac, Jaime Kuri, Valentín López, Josefina Moguel, Laura Martínez, Guillermo Montaño, José Antonio Nava, Norma Ogarrio, Margarita de Orellana, Guadalupe Pacheco, Hortensia Torreblanca, Eduardo Turrent, Fausto Zerón-Medina y Mercedes Zirión de Bueno.

Comentarios y sugerencias: editor@fce.com.mx
Conozca nuestro catálogo: www.fce.com.mx

Diseño, portada e interiores: Germán Montalvo
Fotografía de la portada: Jorge Pablo de Aguinaco

Carretera Picacho-Ajusco 227; 14200 México, D. F.

ISBN 968-16-2285-5 (obra completa)
ISBN 968-16-2290-1 (tomo 5, rústica)
ISBN 968-16-2784-9 (tomo 5, empastada)

Impreso en México

Ser de Coahuila

LIBERTAD y soberanía nunca fueron términos abstractos para los hombres de Coahuila. Durante la era de los Habsburgo la Nueva Extremadura había dependido, a pesar suyo, de Nueva Vizcaya y Nueva Galicia. Más tarde, en tiempo de los Borbones, la provincia de Coahuila se sujetó con dificultad a los dictados de la intendencia de San Luis Potosí. Gracias a la Independencia, el nuevo estado de Coahuila y Texas disfrutaba por fin de su condición soberana; pasadas dos décadas sufriría la dolorosa cercenadura de su región septentrional. Con la independencia de Texas en 1836 y su posterior anexión a los Estados Unidos, los coahuilenses recibieron dos agravios: el primero, de la potencia intervencionista que les arrebataba sus territorios; el segundo, del gobierno central, que había sido incapaz de defenderlos. Este doble trauma histórico reforzó seguramente la vieja y recelosa vocación de autonomía de los coahuilenses y fue factor clave de la resistencia que opusieron al acoso y, de que los hizo víctima el vecino estado de Nuevo León durante la segunda mitad del siglo XIX.

1. El niño Venustiano con su familia.

2

Con el sentido de libertad y soberanía, el coahuilense perfiló también una identidad de frontera. Aquellos hombres tenían siempre frente a sí grandes extensiones territoriales por conquistar y poblar, sin las trabas de una sociedad agrícola sedentaria. Y como sus antepasados extremeños en la Península contra los moros, los coahuiltexanos se disputaban las codiciadas llanuras con lipanes, comanches y tobosos, todavía al declinar el siglo XIX. Así avanzaron hacia el Norte para ocupar Texas en el siglo XVIII y el primer tercio del XIX; y hacia el Oeste para dominar el desierto en el resto de ese último siglo.

3

Pero la identidad de frontera no sólo se manifestaba en el arrojo físico y la voluntad casi feudal de defensa ante los bárbaros, así como en la conquista de tierras; también en un rasgo más sutil: el resguardo de la cultura hispánica en formas tan diversas como la tradición vitivinícola o las instituciones municipales. Precisamente por vivir en la frontera, zona amenazada por definición, sentían con mayor urgencia y profundidad los valores del centro.

Uno de esos hombres de frontera fue Jesús Carranza Neira, descendiente de una antigua familia española avecindada en Morelia y Cotija. Era nieto del fundador de la villa de Cuatro Ciénegas, arriero y ganadero de profesión. Al estallar la guerra contra el Imperio, Carranza, veterano ya de la lucha contra los indios bárbaros y la Guerra de Reforma, apoya activamente la causa republicana. A principios de 1865, cuando "México se refugió en el desierto", Benito Juárez le escribía al general Mariano Escobedo desde la sede de su gobierno en la ciudad de Chihuahua:

> Se me ha asegurado que el señor don Jesús Carranza, vecino de Cuatro Ciénegas, es persona que ha trabajado y trabaja decididamente por nuestra causa haciendo algunos gastos de su bolsillo. Vea usted si él puede ejercer el mando y en (su) caso (...) nombrar al señor Carranza por lo menos (para) la Jefatura Política del Distrito de Monclova.

Escobedo comprobaría muy pronto la lealtad de Carranza. El liberal coahuilense lo proveería de armas, parque, monturas y caballos, y en reciprocidad sería nombrado jefe político de Monclova. A lo largo de la Intervención, don Jesús fue el conducto principal de información entre Juárez y los generales Escobedo, Treviño y Naranjo. En aquellos años anteriores a la era del progreso, Carranza había comprado un par de camellos para acortar el tránsito entre Ocampo y Chihuahua, pero en vista de la guerra, Juárez le encomendaba un esfuerzo mayor:

> Le escribí a usted en días pasados diciéndole que me mandara sus presupuestos para la apertura del camino. Se lo recuerdo porque es de suma importancia que se abra la comunicación con ese estado y el de Chihuahua por el desierto sin dar la vuelta por el Presidio del Norte.

Además de esos informes, a mediados de 1866 el propio Juárez recibió de Carranza un préstamo personal sin réditos para aliviar un poco la siempre apurada economía de su familia.

Al restaurarse la República, el patriarca Carranza, primer jefe de una familia de 15 hijos, recibe una dotación de tierras que afianza su fortuna. Al proclamarse el Plan de la Noria, permanece fiel a Juárez. Aunque su actitud frente a la rebelión de Tuxtepec es menos clara, su juarismo es inflexible: en 1878 protege, con grave riesgo de su vida y patrimonio, a Mariano Escobedo, entonces levantado en armas para defender el depuesto régimen de Lerdo.

Pasado el tiempo, todos los hijos de don Jesús conocerían la historia de aquel zapoteca adusto, vestido siempre de levita negra, que llevaba la patria como tabernáculo en su carruaje. Pero entre todos, hubo uno que guardó el ejemplo de Juárez como tabernáculo en su memoria. Era el undécimo hijo de don Jesús: Venustiano, nacido el 29 de diciembre de 1859.

Se sabe poco de sus primeros años. Estudia en el Ateneo Fuente, afamado colegio liberal de Saltillo, y en 1874 ingresa a la recién fundada Escuela Nacional Preparatoria, dirigida por Gabino Barreda. En la ciudad de México es testigo de sucesos importantes como la caída del presidente Lerdo, la rebelión de Tuxtepec y la entrada triunfante de los ejércitos de Porfirio Díaz. Frente a San Ildefonso

4

5

2. Campos de Coahuila.
3. Comanche modernizado.
4. Sus padres.
5. Mariano Escobedo.

6

7

vive José Martí, a cuya hermana corteja. Un grave padecimiento de la vista, que atiende el célebre doctor Carmona y Valle, trunca su carrera de medicina. El joven Carranza opta por regresar a Coahuila y dedicarse a la ganadería. En 1882 se casa con Virginia Salinas, con quien tiene dos hijas: Virginia y Julia.* En 1887, a los 28 años, ocupa la presidencia municipal de Cuatro Ciénegas: su primera estación política.

El altivo individualismo liberal —típico de los rancheros del Norte, pero exacerbado en Coahuila— y la filiación juarista de los Carranza fueron quizá los factores principales en su resolución de intervenir en el temprano presagio revolucionario que vivió Coahuila ese 1893. Ante la inminente imposición del gobernador José María Garza Galán que pretendía reelegirse, 300 rancheros coahuilenses, entre ellos Emilio y Venustiano Carranza —los varones mayores de don Jesús—, se arman y rebelan. No era la primera vez que los coahuilenses reaccionaban con violencia ante las arbitrariedades del poder federal o estatal. Lo habían hecho en 1873 contra la reelección del

* En la capital, a partir de la segunda década de este siglo, Carranza tuvo otra familia con Ernestina Hernández. Sus hijos varones fueron Jesús, Emilio, Venustiano y Rafael.

6-7. El joven Carranza y su héroe.
8. Virginia Salinas de Carranza con sus dos hijas y otra persona.
9. El procónsul Bernardo Reyes.

8

9

general Cepeda, en 1883-1884 al finalizar la gubernatura de don Evaristo Madero y en 1891, cuando un grupo de coahuilenses se unió al "movimiento catarinista" de Nuevo León y Tamaulipas que, adelantándose 19 años al Plan de San Luis, bandera del maderismo, exigía la plena vigencia de la Constitución del 57. Con todo, ninguna de estas revueltas había preocupado tanto al poder central como la de 1893. El presidente Díaz reaccionó de inmediato encomendando el problema a Bernardo Reyes, su confiable procónsul en los estados de Nuevo León, Tamaulipas y Coahuila. Varias veces le manifestó su sospecha, no del todo injustificada, de que el instigador del movimiento era su antiguo opositor Evaristo Madero, y sus instrumentos, los Carranza:

10

11

10-11. Ambos en su momento desconfiarían de Carranza.
12-13. El senador reyista y su héroe.

> Si al tener en las manos a Carranza —escribía Porfirio a Reyes— encuentra usted pretexto para detenerlo aun en el caso de que todos depongan las armas, convendría hacerlo, siendo pretexto bastante bueno, pues sé de una manera casi evidente que dicho Carranza escribió al general Cortina, que Francisco Z. Treviño iba a encabezar una revolución que tendría por motivo las elecciones de Coahuila; pero que en realidad sería la base de una revolución general.

El Presidente se refería con seguridad a Emilio, el mayor de los hermanos Carranza. No obstante sus sospechas, por intermedio de Reyes, le concede audiencia a Venustiano, quien le explica con detalle las raíces y justificaciones del movimiento. Con sagacidad, Díaz comprende que ganaría más con la derrota de Garza Galán que con su imposición. Sabe que Coahuila ha sido siempre una entidad inestable y teme que el recién fundado Club Central Juan Antonio de la Fuente expanda su influencia. Su solución no puede ser más salomónica: Garza Galán retira su candidatura pero el candidato de la oposición y de Reyes, Miguel Cárdenas, lo hace también. La elección recae en José María Múzquiz, abogado de prestigio que ocuparía la gubernatura por breve tiempo hasta que en 1894 el propio Reyes impone a Cárdenas. Concluida la contienda, Porfirio escribe a Reyes sus opiniones premonitorias sobre los sublevados y los depuestos:

> Si es un hecho que no hemos de ganar a ninguno de aquéllos, no nos expongamos a perder a éstos, porque tarde o temprano se ha de encender en ese Estado la guerra civil, como sus caudillos lo tienen ofrecido a los revolucionarios, y es necesario cultivar lo poco que tenemos entre ellos.

La gubernatura de Cárdenas apaciguaría los ánimos un par de períodos, hasta que en 1904 su tercera reelección vuelve a lastimar la sensibilidad política de los coahuilenses. Francisco I. Madero funda entonces el Club Democrático Benito Juárez, con el que inicia su espiral de oposición democrática al régimen central, espiral que, cumpliendo finalmente los presagios de Díaz, encendería en el país la guerra civil.

Con el triunfo del movimiento contra Garza Galán, Venustiano Carranza logra una victoria más personal: consolida la amistad de Bernardo Reyes, a cuya política había debido ya, desde 1887, su presidencia municipal en Cuatro Ciénegas. Al doblar el siglo, cuando Reyes, ministro de Guerra, organiza la Segunda Reserva del Ejército, Carranza presenta su examen de ingreso como oficial. Había pasado del juarismo familiar al reyismo personal: dos manifestaciones, si no de oposición, sí de distancia frente a don Porfirio.

12

Entre 1894 y 1898 Carranza vuelve a ocupar la presidencia municipal de Cuatro Ciénegas. Más tarde es diputado a la Legislatura local y diputado federal suplente. En 1901 es senador suplente —de clara filiación reyista— por su estado. En 1904 el gobernador Miguel Cárdenas lo recomienda al presidente Díaz para senador propietario:

> los antecedentes del señor Carranza, su amor al orden y demás cualidades que posee, así como ser un adicto y sincero partidario de la administración de usted, constituyen una garantía segura de su adhesión.

13

Sólo el reyismo empañaba, en el fondo, la "segura adhesión" del silencioso senador Carranza al presidente Díaz. Aunque hasta 1909 el reyismo no fue sinónimo de antiporfirismo, Carranza pertenecía a una generación recelosa y un tanto frustrada que veía en Reyes el germen de una renovación bloqueada por los Científicos. Pero su relativa distancia de don Porfirio no lo llevaba al extremo de simpatizar con los proyectos libertarios de su paisano Francisco I. Madero, a quien, para colmo, se vinculaba al grupo científico. Con todo, su

Archivo Fotográfico de Estudios de Historia de México Condumex

Album á Juárez.

Evaristo Madero.
Gobernador
del Estado de Coahuila.

Nunca se dirá lo bastante encareciendo la difícil labor del Sr. D. Benito Juárez en la azarosa época porque atravesó el País, durante el tiempo que estuvo al frente de la Suprema Magistratura, solo sí que no cabe duda es en ser hombre completo, que por su honradez, patriotismo y basta inteligencia, debemos considerarlo como nuestra personalidad más prominente.

E. Madero

14

14. Evaristo Madero: Carranza es honrado y enérgico.

situación política debió de parecer ambigua. Quizá por eso escribió al presidente Díaz en mayo de 1909:

> Con mi carácter de representante de los intereses del estado de Coahuila en la importante cuestión que ahora se ventila en el Ministerio de Fomento, sobre el reparto de las aguas del río Nazas, y estando vivamente interesado en que este delicado asunto no venga a interponer alguna dificultad entre el gobierno de su digno cargo y los interesados en el reparto de dichas aguas, mayormente encontrándose entre éstos la compañía extranjera de Tlahualillo, he arreglado con el sindicato de ribereños se retire la representación que en él tiene el señor Francisco I. Madero, quien pudiera aprovechar esta circunstancia para agregar un nuevo elemento en la campaña que contra el gobierno de usted tiene emprendida y que se ha hecho pública en su libro titulado *La sucesión presidencial*.

Espero que esta labor será de la respetable aprobación de usted, a la vez que *servirá de prueba de mi invariable adhesión* a la buena marcha de su gobierno, *hoy criticada por persona de ninguna significación política*.

Aquella "invariable adhesión" varió muy pronto. A mediados de 1909 se llevarían a cabo las elecciones para Gobernador. Con la venia inicial del Presidente, Carranza lanzó su candidatura. Había sido ya, efímeramente, gobernador provisional. A pesar de la deserción de Reyes y la bancarrota del reyismo, contaba con múltiples apoyos que abarcaban todo el espectro político, desde el gobernador Cárdenas hasta el opositor Madero, quien recomendaba vivamente su postulación. Don Evaristo Madero, el magnate mayor del estado, lo consideraba "honrado y enérgico". Casi todos compartían la especial atención de su programa en la libertad municipal y la independencia del Poder Judicial. Sólo un apoyo le faltó: el del Gran Elector. Porfirio Díaz, recordando quizá los sucesos de 1893, optó por apoyar al candidato opositor, de filiación científica, el ex jefe político Jesús de Valle. La toma de posesión se efectuó en diciembre de 1909. Entonces, resentido con el Presidente, Carranza se acerca a aquella "persona de ninguna significación política": Francisco I. Madero.

15. El estudiante Venustiano Carranza.
16. El Gran Elector no lo apoyó.

15

16

Lecciones de historia

EN ENERO de 1911 Carranza se reúne con Madero en San Antonio, Texas. En febrero, Madero lo designa gobernador provisional de Coahuila y comandante en jefe de la Revolución en Coahuila, Nuevo León y Tamaulipas. La celeridad no fue nunca virtud de Carranza, menos entonces, cuando había cumplido ya los cincuenta años. La insurrección que debería acaudillar se retrasa. Algunos piensan que Carranza permanece fiel a Reyes. Madero se impacienta pero no desconfía. El 3 de mayo de 1911, casi sin acciones militares que lo avalen, Carranza se incorpora a las negociaciones de Ciudad Juárez y ocupa el ramo de Guerra en el Consejo de Estado.

Su primera intervención fue reveladora. Se discutía en una choza en las afueras de Ciudad Juárez que los revolucionarios llamaban su *palacio nacional*. Los delegados porfiristas regateaban la renuncia de Díaz y Corral. De pronto intervino Venustiano Carranza. Siendo estudiante en México había presenciado la Revolución de Tuxtepec.

17. Carranza, gobernador de Coahuila.
18. En el gabinete de Madero.

18

Conocía mejor que ninguno de los presentes la naturaleza de las revoluciones en México. De allí que adujera, además de sus argumentos, una profecía:

> Nosotros los exponentes de la voluntad del pueblo mexicano, no podemos aceptar las renuncias de los señores Díaz y Corral porque sería reconocer la legitimidad de su gobierno y falsearíamos la base del Plan de San Luis.
>
> La Revolución, señores, es de principios, no personalista. Y si sigue al señor Madero, es porque él enarbola la enseña de nuestros derechos, y si mañana ese lábaro santo cayera de sus manos, otras manos robustas se aprestarían a recogerlo. Nosotros no queremos ministros ni gobernadores, sino que se cumpla la soberana voluntad de la Nación. Revolución que transa, es revolución perdida. Las grandes reformas sociales que exige nuestra patria, sólo se llevarán a cabo por medio de victorias decisivas.
>
> Las revoluciones para triunfar de un modo definitivo necesitan

20

ser implacables. ¿Qué ganamos con la retirada de los señores Díaz y Corral? Quedarán sus amigos en el poder; quedará el sistema corrompido que hoy combatimos. El interinato será una prolongación viciosa, anémica y estéril de la dictadura. Al lado de esta rama podrida el elemento sano de la Revolución se contaminaría. Sobrevendrán días de luto y de miseria para la República y el pueblo nos maldecirá porque, por un humanitarismo enfermizo, habremos malogrado el fruto de tantos esfuerzos y tantos sacrificios. Lo repito: revolución que transa, se suicida.

La revolución maderista desoyó a Carranza y transó al conceder el interinato, pero las consecuencias tardarían en revelarse. El 3 de junio de 1911, atento y circunspecto, Carranza recibe a Madero en Piedras Negras. Por corto tiempo ocupa la gubernatura provisional de Coahuila, puesto que De la Barra pretendía escatimarle pero que Madero exigió amagando al Presidente interino con la violencia. En agosto de 1911 renuncia para "llevar a la práctica la efectividad del sufragio" y contender por la gubernatura que Díaz le había negado y que la Revolución maderista finalmente le reintegró.

19-20. Maderistas.

21

22

La gestión de Carranza duró año y medio. En su breve período inició la renovación de la judicatura, los impuestos y los códigos; propuso leyes sobre accidentes en minas, emprendió acciones contra las tiendas de raya, los monopolios comerciales, el alcoholismo, el juego y la prostitución; invirtió 375 mil pesos en nuevas escuelas, abrió nueve escuelas nocturnas, etcétera... Sus propósitos educativos fueron más exitosos que sus proyectos de regimentación de la propiedad minera y el trabajo. Desde entonces comprendió que los grandes intereses extranjeros requerían contrapesos legales de un nivel no municipal, ni siquiera regional, sino nacional.

Carranza acarició, aunque en la práctica no impulsó lo necesario, un viejo proyecto de raíz hispánica y de larga tradición en el federalista estado de Coahuila: la libertad municipal. Su larga experiencia en Cuatro Ciénegas lo había convencido de que la redención moral de México sólo podía partir desde abajo, desde la "escuela de la democracia" que podía ser el municipio libre. Su fe en la bondad de las pequeñas comunidades no era sólo política: frente a las grandes haciendas y propiedades mineras promovió la pequeña agricultura y la pequeña minería. Tenía desde entonces un concepto patriarcal de la política. Conquistadas las libertades —había dicho a sus conciudadanos en 1911— "sólo nos resta ilustrar al pueblo, enseñarlo con dedicación, con interés y con amor, a hacer con cordura el uso legal de sus libertades y dirigirlo, hasta hacerlo comprender el problema público".

21-22. Invirtió 375 mil pesos en nuevas escuelas.

23

Carranza tenía ideas claras pero no era idealista. Sabía que los tiempos no eran propicios a la reconstrucción pacífica y leía presagios oscuros en el horizonte. Las fuerzas de seguridad que se empeñó en mantener, realistando a veces a los antiguos rurales contra la voluntad de Madero, fueron de particular utilidad en la campaña contra el orozquista José Inés Salazar. Al concluir esa rebelión, Carranza insiste en conservar tropas irregulares. "Bien puede usted —escribe a Madero— no apreciar los servicios que estas fuerzas han prestado a su gobierno (...) puedo asegurarle a usted que lo han salvado". No obstante, Madero piensa que "el viejo se quiere comer el mandado" y no lo apoya. En septiembre de 1912 el distanciamiento entre ambos era público y notorio. Carranza defendía ante todo la soberanía de su estado. Veía además, con inmensa preocupación, el deterioro de la imagen presidencial y presentía que aquellas palabras suyas en Ciudad Juárez sobre la "revolución suicida" acabarían muy pronto por cumplirse. Por su parte, Madero consideraba a Carranza, textualmente, "vengativo, rencoroso y autoritario". Es, solía decir, "un viejo pachorrudo que le pide permiso a un pie para adelantar el otro"

Mientras el apóstol se dispone al martirio, el viejo Carranza, nada pachorrudo, lleno de malicia y claridad, establece enlaces con los gobernadores de San Luis Potosí, Aguascalientes y Chihuahua, asegura la lealtad de futuros astros de la Revolución (Cesáreo Castro, Francisco Coss, Pablo González); aconseja a la cantante Fanny Anitúa, de paso por Saltillo, que no regrese a la capital y, por fin, en plena Decena Trágica, envía al joven Francisco J. Múgica a

23. Coahuila Coal Co.
24. "La revolución suicida."
25. Sus antiguos rurales contra el orozquista José Inés Salazar y Emilio Campa.

ofrecer a Madero refugio en Coahuila. Nada lo sorprende. Más sabía el viejo por viejo. Había vivido, escuchado y leído mucha historia.

Dos testimonios ilustres, entre muchos otros, han señalado la peculiar afición de Carranza por la historia y sus moralejas. Para Luis Cabrera, Carranza era una verdadera "enciclopedia aplicada de historia de México". Su época dorada era la Reforma; su personaje entrañable, Benito Juárez. "Juárez era para él —escribe con cierta exageración José Vasconcelos— toda la grandeza humana por encima de los genios universales." Carranza casi no había viajado al extranjero pero suplía su inmovilidad física con una respetable movilidad libresca. Entre cuadros con la efigie de Juárez, Hidalgo, Jefferson y Napoleón, su biblioteca ostentaba una buena colección de obras históricas. Destacaban, desde luego, las biografías: las *Vidas paralelas* de Plutarco y otras vidas como las de Francisco de Miranda, Napoleón, Cromwell, Benito Juárez, Porfirio Díaz, las memorias de Maximiliano. De la historia europea su preferida era la francesa, pero no sólo la política —que conocía en su versión conservadora y clásica— sino la social: *Historia de los salones de París* y *Memorias de la duque-*

24

Archivo F
Centro de Estudios d
Cond

25

3
2

27

28

sa de Brante. Su ventana a la historia de Roma era Tito Livio. Su mayor pasión, por supuesto, era la historia de México. La frecuentaba en los clásicos como el doctor Mora, en las visiones de Justo Sierra o en el *México a través de los siglos*, y también en el más prolijo y popular Zamacois.

A fines de febrero de 1913, muerto Madero y consumado el cuartelazo, Carranza creyó reconocer en los acontecimientos un capítulo de la historia mexicana. En un día similar, el 11 de enero de 1858, el moderado presidente Comonfort, incapaz de gobernar con la Constitución de 1857, había caído bajo la presión del grupo conservador. Mientras Benito Juárez toma posesión de la Presidencia provisional y parte hacia el occidente del país, el bando de la reacción designa su propio presidente: Félix Zuloaga. Daba comienzo la Guerra de los Tres Años. Juárez encarna la legalidad constitucional. Por año y medio se refugia en Veracruz. Allí expide las Leyes de Reforma que cambiarían profundamente la vida mexicana: nacionalización de los bienes eclesiásticos, extinción de las órdenes monásticas, secularización de cementerios, establecimiento del registro y el matrimonio civiles y tolerancia de cultos. Luego de tres años exactos, Juárez regresa victorioso a la ciudad de México. Le había dado un nuevo sentido histórico a la lucha constitucional encarnando no sólo una autoridad que resiste sino una autoridad que legisla. Muy pronto se vería sometido a un desafío mucho mayor que se prolongaría siete años: el enfrentamiento con España, Inglaterra y Francia, la invasión por esta última y el imperio de Maximiliano. Su lección en esta segunda etapa sería igualmente perdurable: la soberanía nacional como el valor supremo.

Aunque para entonces Carranza no tenía ya ligas con Reyes, su

◀ *26.* Concentrado en sus piezas negras, Francisco J. Múgica.
27. Luis Cabrera: "Carranza era una enciclopedia de historia".
28. Madero: lecciones de todo lo que no debía hacer.
29-31. Galería mental de Carranza: Miramón, Carlota y Maximiliano.

antiguo líder, si éste hubiese triunfado, la actitud posterior de Carranza habría sido también distinta. Pero tal como los acontecimientos se desarrollaron, para Carranza la moraleja era evidente. Los nuevos reaccionarios encabezados por Huerta habían derrocado al Presidente constitucional. Se requería un nuevo Juárez investido de poderes legítimos para defender la bandera del constitucionalismo y proponer, en su momento, nuevas leyes de Reforma. En el río revuelto hacia la otra Reforma, las potencias extranjeras —en especial los Estados Unidos, más arrogantes que en 1847— buscarían ganancias de pescadores. Como en 1867, habría que luchar por la soberanía, pero esta vez sin aliados: contra Europa y contra los Estados Unidos. Una y otro habían dado la espalda al presidente Madero.

De Juárez adoptó el libreto; de Díaz —en cierta medida—, el método. No en balde había sido senador tantos años. No podía, por definición, gobernar la Revolución pacificándola, como Díaz había gobernado al país, pero podía conferirle una autoridad visible e indiscutida, cumpliendo aquella sugerencia que Zayas Enríquez propuso a Díaz en 1906: "Cuando la idea revolucionaria es tan avanzada que frisa en un hecho, la única manera de dominarla es encabezarla."

29

30

31

También de Madero había extraído lecciones prácticas, lecciones de todo lo que *no* debía hacer. Sus propias palabras de Ciudad Juárez le resonaban, proféticas: la Revolución *no* había sido implacable; el interinato resultó, en efecto, "una prolongación viciosa, anémica y estéril de la dictadura"; un "humanismo enfermizo" había "contaminado" a la Revolución "malogrando su fruto". La Revolución maderista había transado y "revolución que transa se suicida".

Por contraste, ahora todo tendría que servir al principio de autoridad. Para ello Carranza contaba no sólo con una peculiar sabiduría

32

33

histórica sino con atributos naturales. Ante todo, la edad. En 1913 tenía 53 años y era, con mucho, el hombre viejo de una revolución que emprendían hombres a quienes llevaba veinte, treinta y casi cuarenta años. Su estatura y porte lo ayudaban también. Blasco Ibáñez lo describiría, años después, como hombre "majestuosamente grande, membrudo y fuerte a pesar de sus años". John Reed, al conocerlo, le atribuyó, con exageración, dos metros de estatura (medía en realidad 1.90 m) y comparó aquel "cuerpo inmenso e inerte" con "una estatua". Un tercer rasgo era la barba, que Isidro Fabela —no sin cursilería— llamó "barba florida", pero que al escéptico Martín Luis Guzmán le provocó un respeto instantáneo:

> El modo como se peinaba las barbas con los dedos de la mano izquierda —la cual metía por debajo de la nívea cascada, vuelta la palma hacia afuera y encorvados los dedos, a tiempo que alzaba ligeramente el rostro— acusaba tranquilos hábitos de reflexión, hábitos de que no podía esperarse —así lo supuse entonces— nada violento, nada cruel. "Quizás —pensé— no sea éste el genio que a México le hace falta, ni el héroe, ni el gran político desinteresado, pero cuando menos no usurpa su título: sabe ser el Primer Jefe".

Carranza trataba de investir su imagen con la fuerza de Díaz y la legitimidad de Juárez esquivando todo asomo de debilidad maderista. Y lo conseguía:

32. Martín Luis Guzmán: no frustró mis esperanzas de revolucionario en ciernes.
33. John Reed: una estatua.
34. Con José María Maytorena y el bello sexo en Hermosillo.

> Su figura evocó en mí asociaciones con los hombres típicos del porfirismo. Más aún: después del candor democrático de Madero, creía notar en él algo que me hacía pensar en don Porfirio tal cual lo vi y lo oí la última vez. Pero, así y todo, confieso que a primera vista don Venustiano no frustró mis esperanzas de revolucionario en ciernes. En aquella primera entrevista se me apareció sencillo y sereno, inteligente, honrado, apto.

De Porfirio Díaz había aprendido Carranza la importancia de la imagen, pero su gusto por la fotografía lo llevó a los extremos, según explica Martín Luis Guzmán:

> La Historia no determina aún lo que había en el fondo de la afición de don Venustiano a retratarse: si un sentimiento primario o un recurso político de naturaleza oculta y trascendente. ¿Se complacía Carranza en su propia imagen, conocedor tal vez del poder atractivo descubierto en sus rasgos por la oratoria de la "barba florida"? ¡Tierno narcisismo de sesenta años! ¿O sería más bien que el Primer Jefe, molesto de topar a cada paso con los retratos de Madero, aspiraba a sustituirlos por otros? Posiblemente el biógrafo del porvenir se detenga en la tesis intermedia y declare que a don Venustiano le repugnaban los retratos del Presidente Már-

34

35

tir tanto cuanto le deleitaban los suyos. De ser así, se invocará como testimonio, de una parte, la frecuencia con que el Primer Jefe iba a colocarse frente al aparato de los fotógrafos y de la otra, el sufrimiento que le causaban los entusiasmos maderistas a cuyo son era siempre recibido. De esto último sabemos algo cuantos entramos con él, durante los primeros meses de la lucha, en ciudades grandes o aldeas ínfimas. Se veía lucir dondequiera, adornado de guirnaldas y coronas, el retrato de la víctima de Victoriano Huerta; brotaba de todas las gargantas el grito maderista de la multitud —multitud cándida, multitud confiada en sus nuevos guiadores—, y el Primer Jefe, a pie o a caballo, se envolvía en el manto de su despecho, sonriente y frío, al confirmar que Carranza no descollaba ni en los retratos ni en los vítores.

Junto a este empeño casi publicitario de elaborar una imagen que sin coerción infundiese obediencia y orden, una imagen de estampa histórica, Carranza recurrió a un vasto repertorio de medios: él des-

35. La afición de Carranza a retratarse.

cubrió, acaso por necesidad, la inmensa utilidad estratégica de los lentes ahumados. (Huerta los había usado pero no como medio sino como refugio.) Blasco Ibáñez no fue el único azorado interlocutor que vivió esta escena:

> Don Venustiano, cuando recibe una visita, lo primero que hace instintivamente es colocar su sillón de espaldas a la ventana más próxima. Así se queda en la penumbra y su cuerpo no es más que una silueta negra en la que apenas se marca el rostro como una vaga mancha blanca. Él, en cambio, puede examinar a su gusto el rostro del visitante, que permanece en plena luz frente a la ventana. Además, si algo atrae su atención poderosamente, mira por encima de sus anteojos azulados...

Decía Jesús Reyes Heroles que "en política la forma es fondo". Pocos políticos mexicanos y, desde luego, poquísimos revolucionarios mexicanos, han cuidado ciertas formas como Carranza. Un ejemplo entre miles: al lanzarse a la revolución constitucionalista —segundo capítulo de la epopeya juarista— cuidó que su nombramiento de "Primer Jefe del Ejército Constitucionalista" coincidiese con su atuendo. Si su condición era dual —civil y revolucionaria—, Carranza debía serlo y parecerlo. De allí que usara

36

36. El Primer Jefe en campaña.

sombrero estilo norteño de fieltro gris con alas anchas, chaquetín de gabardina *sin* insignias militares y *con* botones dorados de general del ejército, pantalón de montar, botas de charol o melazas, calzoneras abiertas de cuero de Saltillo.

Otra forma suya característica era la lentitud. Había algo naturalmente pausado en Carranza: su voz, sus ademanes, y, según Luis Cabrera, hasta su comprensión. Pero la lentitud denotaba también un cálculo dilatorio. Carranza carecía quizá del vertiginoso instinto político de Díaz, pero lo suplía dejando respirar a los acontecimientos, filtrando los problemas y las personas. Era casi imposible, por ejemplo, entrevistarse cara a cara con Carranza. A John Reed, Isidro Fabela —uno de los hombres más cercanos al Primer Jefe— le censuró un cuestionario escrito previo a la entrevista. La lentitud, la sabiduría y los años lo habían vuelto obstinado.

Tras aquella "gran máscara de hombre" (Reed) empeñada en reencarnar la autoridad juarista, se escondía una rústica y paternal inflexibilidad. A diferencia de Juárez o Díaz, Carranza no era un místico del poder. Carecía de los atributos divinos pero tenía en exceso los humanos para encarnar el principio de autoridad en la Revolución. Era sobrio sin ser puritano ("cortejaba a las señoras con tacto finísimo, a las señoritas las protegía paternalmente"). Era

37. Vivió la tensión entre hechos y leyes.

37

ecuánime, no inconmovible. Era tenaz, terco, obcecado, trabajador, tozudo, astuto, paciente, estoico. Su tiempo psicológico y vital, distinto del de la Revolución, era el tiempo campirano, el tiempo de los ranchos, hecho de ciclos y fatalidad.

Su pausado tiempo personal, sus recursos y tretas, su sentido de autoridad y su lectura de la Reforma, marcaron el fondo y la forma de la Revolución. Quizo repetir a Juárez, imperar como don Porfirio y esquivar los errores de Madero. En cierta medida lo consiguió. Y consiguió también algo distinto: encabezar y encauzar —su palabra favorita— una Revolución de corrientes mucho más complejas y poderosas de lo que él mismo sospechaba. Nadie en nuestra historia vivió como Carranza el tránsito entre nuestros siglos XIX y XX. Fue el hombre puente. Como los liberales de la Reforma, Madero había querido el imperio puro del *derecho*. Antes y después de Madero, el militarismo había significado y significaría el imperio casi puro del *hecho*. Carranza vivió la tensión entre los hechos y las leyes: nuevos y antiguos hechos, nuevas y antiguas leyes. Su biografía es, sin disputa, la más compleja de la Revolución.

38. Hombre puente.

38

La nueva reacción

CUIDANDO todas las formas del caso, a fines de febrero de 1913 Carranza obtiene de la Legislatura de Coahuila el mandato de rebelarse contra la usurpación. El 4 de marzo rompe abiertamente con Huerta, y días después sufre sus primeras derrotas militares. En repliegue hacia Monclova —instalaría ahí el Palacio de Gobierno— pasa por la hacienda de Guadalupe, desde donde un grupo de jóvenes oficiales lanza el célebre Plan que a la letra dice:

Primero. Se desconoce al general Victoriano Huerta como Presidente de la República.

Segundo. Se desconoce también a los Poderes Legislativo y Judicial de la Federación.

39. Chacales: Huerta y Blanquet.
40. Carranza con los firmantes del Plan de Guadalupe.

40

Tercero. Se desconoce a los gobiernos de los estados que aún reconozcan a los poderes federales que forman la actual administración, treinta días después de publicado este plan.

Cuarto. Para la organización del Ejército encargado de hacer cumplir nuestros propósitos, nombramos como Primer Jefe del Ejército, que se denominará "Constitucionalista", al ciudadano Venustiano Carranza, gobernador del estado de Coahuila.

Quinto. Al ocupar el Ejército Constitucionalista la ciudad de México, se encargará interinamente del Poder Ejecutivo el ciudadano Venustiano Carranza, Primer Jefe del Ejército, o quien le hubiera sustituido en el mando.

Sexto. El Presidente interino de la República convocará a elecciones generales tan luego como se haya consolidado la paz, entregando el poder al ciudadano que hubiese sido electo.

Séptimo. El ciudadano que funja como Primer Jefe del Ejército Constitucionalista en los estados cuyos gobiernos hubieren reconocido al de Huerta, asumirá el cargo de gobernador provisional, y convocará a elecciones locales, después de que hayan tomado posesión de sus cargos los ciudadanos que hubieren sido electos para desempeñar los poderes de la Federación, como lo previene la base anterior.

Firmado en la Hacienda de Guadalupe (Coahuila), a los veintiséis días del mes de marzo de mil novecientos trece.

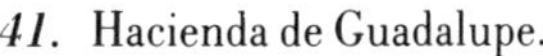

41. Hacienda de Guadalupe.

41

Los firmantes —Francisco J. Múgica, Jacinto B. Treviño, Lucio Blanco, entre otros— esperaban un nuevo Plan de San Luis y la inclusión de medidas sociales revolucionarias. Pero Carranza busca emular a Juárez, no a Madero:

> No, ya es tiempo que haya un hombre que hable con verdad y en quien el país tenga confianza. Esta Revolución debe ser sólo, y debe saberlo todo el mundo, para restaurar el orden constitucional, sin llevar al pueblo, con engaños, a una lucha que ha de costar mucha sangre, para después, si no se cumple, dar lugar a mayores movimientos revolucionarios. Las reformas sociales que exige el país deben hacerse; pero no prometerse en este plan, que sólo debe ofrecer el restablecimiento del orden constitucional y el imperio de la ley; pues de otra manera aparecería con el objeto de hacerlo atractivo y conquistar adeptos, y no se trata de eso. Si triunfamos, ya verán ustedes las reformas que por fuerza tendrá que llevar adelante cualquier gobierno que se establezca en México, pero sin promesas.

42. Las reformas llegarán, pero después.

43

43. Félix Díaz y Manuel Mondragón.
44. Salvador Alvarado y Juan Cabral, líderes sonorenses.

44

A los pocos días, una delegación de Sonora que encabeza Adolfo de la Huerta visita a Carranza en Monclova y se adhiere al Plan de Guadalupe. Desde un principio Sonora sería el principal bastión contra los federales, un estado remoto y poderoso en el que habían surgido varios líderes naturales provenientes de la clase media: Álvaro Obregón, Benjamín Hill, Salvador Alvarado, Juan Cabral, Plutarco Elías Calles. Con Sonora, se adhiere Chihuahua.

Pero la lucha empezaba apenas. Siempre fiel al libreto de la historia, Carranza tomaba las primeras medidas de guerra. "Hablarle a don Venustiano de hechos históricos susceptibles de ponerse en práctica si fueron de satisfactorios resultados —recordaba un allegado—, era la forma más eficaz de convencerlo de la necesidad de implantar alguna medida". Así, un señor González Gante le recordó el establecimiento de comisiones mixtas para las reclamaciones en la Guerra Civil norteamericana, y Carranza decretó, el 10 de mayo de 1913, el derecho de nacionales y extranjeros a reclamar los "daños que hayan sufrido o sigan sufriendo". Así también, y sin necesidad de consultar a nadie, consideró pertinente poner en vigor la severísima Ley Juárez del 25 de enero de 1862, por la cual serían juzgados Huerta, sus "cómplices en asonadas militares" y los "sostenedores de su llamado gobierno". La Ley decretaba la pena de muerte, entre otros, para quienes se hubiesen rebelado a las instituciones y autoridades legítimas, o atentado contra la vida del Supremo Jefe de la Nación: lo que equivalía a la ejecución de prisioneros de guerra.

La etapa preparatoria de la rebelión duró seis meses: de marzo a agosto de 1913. Además de expedir los decretos sobre reclamaciones y pena de muerte, Carranza dividió a la República en siete zonas de operación, de las cuales sólo tres funcionaban de modo efectivo: el Noroeste, al mando de Pablo González; el centro, con Pánfilo Natera, y el Noreste, bajo las órdenes de Álvaro Obregón. En julio, Monclova cae en manos de los federales y los rebeldes intentan, sin éxito, la toma de Torreón. En agosto, el Primer Jefe comprende la fragilidad de su situación y decide viajar al bastión sonorense. De nuevo recuerda las largas marchas de Juárez. Pudiendo abandonar el territorio mexicano y llegar a Sonora por el sur de los Estados Unidos, Carranza prefiere emprender una travesía de 300 kilómetros desde Piedras Negras hasta Hermosillo, pasando por Torreón, Durango, el sur de Chihuahua, la Sierra Madre Occidental y el norte de Sinaloa. Por ningún motivo pisaría suelo norteamericano: cuestión de dignidad... y de formas, según recordaba su ahijado Miguel Alessio Robles:

> Para la Revolución y para todos el señor Carranza permaneció ignorado varios meses. Nadie sabía dónde se encontraba. Muy contadas gentes tenían conocimiento de que el jefe de la Revolución se dirigía a Sonora. El viaje lo hacía sin precipitación alguna, como todas sus cosas, premeditadamente y con toda paciencia, porque sus nervios no se sacudían jamás con los apresuramientos

45. Rumbo a Sonora.

45

y los temores. Todo lo hacía con parsimonia y tranquilidad. La resolución más apremiante la pensaba y la meditaba pacientemente. No sintió jamás el acicate de la intranquilidad, y cuando todo sueño huía de los párpados de sus acompañantes por la incertidumbre o el miedo, el señor Carranza dormía profundamente, sin que nada perturbara su frente tranquila. Así caminaba tres meses, sin lamentarse de ninguna molestia; dormía lo mismo bajo techo que a la intemperie, lo mismo en mullida cama, que en el duro suelo. Ni el frío más intenso de la Sierra Madre, ni el calor africano y sofocante de Sonora le hacen pronunciar una frase de desagrado o de disgusto. Así recorrió ese largo camino y jamás se le oyó pronunciar una sola queja, una sola lamentación. En harapos y hambriento llega a principios de septiembre de 1913 al norte de Sinaloa. Sus acompañantes estaban hechos pedazos. Pero él se mostraba, como siempre, tranquilo y sereno.

El 14 de septiembre de 1913, en El Fuerte, Sinaloa, conoce a Álvaro Obregón, quien al observarlo comenta: "Es un hombre de detalles." Al llegar a Hermosillo establece su gobierno con ocho dependencias paralelas a las de Huerta. El 24, pronuncia en el Salón de Cabildos uno de los discursos más importantes de la Revolución. Lo inicia con una dilatada reflexión histórica: había que revertir

46. Flanqueado por Maytorena y Obregón en Hermosillo.

46

las tendencias de cuatro siglos: "tres de opresión y uno de luchas intestinas que nos han venido precipitando a un abismo". Durante la dictadura porfiriana, época semejante a la de Augusto y Napoleón III "en que todo se le atribuía a un solo hombre", los periódicos engañaban al público hablándole de progreso cuando lo que en verdad se robustecía era el sometimiento del alma nacional. Carranza no menciona a Madero por su nombre y disminuye la originalidad del lema maderista. A su juicio, la lucha rebasaba el ideal de "Sufragio Efectivo, No Reelección", del mismo modo en que rebasaba al Plan de Guadalupe:

> El Plan de Guadalupe no encierra ninguna utopía, ni ninguna cosa irrealizable, ni promesas bastardas con intención de no cumplirlas; el Plan de Guadalupe es un llamado patriótico a todas las clases sin ofertas ni demandas al mejor postor; pero sepa el pueblo de México que terminada la lucha armada a que convoca el Plan de Guadalupe, tendrá que principiar formidable y majestuosa la lucha social, la lucha de clases, queramos o no queramos nosotros mismos y opónganse las fuerzas que se opongan. Las nuevas ideas sociales tendrán que imponerse en nuestras masas, y no es sólo repartir tierras, no es el "sufragio efectivo", no es abrir más escuelas, no es construir dorados edificios, no es igualar y re-

47. Le repugnaban los retratos del presidente Madero.

48. Un llamado patriótico a todas las clases.
49. El pueblo ha vivido famélico.

48

49

partir las riquezas nacionales, es algo más grande y más sagrado: es establecer la justicia, es buscar la igualdad, es la desaparición de los poderosos para establecer el equilibrio de la conciencia nacional.

Carranza no era un revolucionario social. Sólo así se entienden las palabras "queramos o no queramos nosotros mismos". Pero con un sentido de la necesidad histórica, entreveía ya que la "Revolución era la revolución", un movimiento casi telúrico que los hombres pueden en el mejor de los casos encauzar, pero no segar. Así hay que leer los propósitos que agregó en aquel discurso, tan personales como sus metáforas de agricultor: "El pueblo ha vivido ficticiamente, famélico y desgraciado con un puñado de leyes que en nada le favorecen; tendremos que removerlo todo, drenarlo y construirlo de verdad."

Para esa inmensa labor rectificadora, Carranza anunció por primera vez el propósito de elaborar una nueva Constitución. Otros pasos no menos decisivos serían la fundación del banco de Estado y la

50. Carranza no era un revolucionario social.

50

promulgación de leyes que favorezcan al campesino y al obrero, elaboradas por ellos mismos. Pero el mensaje fundamental del discurso era el referente a la soberanía, valor número uno para cualquier coahuilense:

> Y con nuestro ejemplo se salvarán otras muchas naciones que padecen los mismos males que nosotros, especialmente las repúblicas hermanas de Centro y Sudamérica (...) esta lucha fratricida tiene (también) por objeto (...) el respeto de los pueblos poderosos para los débiles; (...) deben acabarse los exclusivismos y privilegios de las naciones grandes respecto a las pequeñas; deben aprender que un ciudadano de cualquier nacionalidad que radica en una nación extraña, debe sujetarse estrictamente a las leyes de esa nación (...)

A los dones personales y políticos que avalaban la legitimidad de su jefatura, Carranza añadió con aquel discurso uno más: el de ideólogo de la Revolución. Los objetivos no podían estar más claros. A la victoria militar seguiría un período de reformas sociales, una nueva constitución, otras leyes e instituciones y una actitud diferente que "sacudiría los prejuicios internacionales y el eterno miedo al coloso del Norte".

Carranza permanece en Sonora hasta marzo de 1914. Allí se entera de las primeras, centelleantes victorias de Villa, y los avances de González y Obregón. Sin salir nunca de territorio nacional, llega a Ciudad Juárez. En el estado de Chihuahua residiría hasta el triunfo completo del constitucionalismo, en julio de 1914.

Durante la revolución constitucionalista, mientras Obregón y González se desplazan hacia el Sur y Villa triunfa en Ciudad Juárez,

51. Carranza y su primer gabinete.

51

52

53

Tierra Blanca, Chihuahua, Ojinaga, Torreón, Paredón y Zacatecas, Carranza juega un doble papel particularmente difícil: además de ocuparse en la administración económica de la guerra, debe conservar la cohesión del Ejército Constitucionalista bajo su mando y lidiar con las naciones extranjeras, sobre todo con los Estados Unidos. En el primer tablero su contrincante principal fue una fiera: Francisco Villa; en el segundo, un moralista: Woodrow Wilson.

Aunque en un principio sus relaciones fueron casi cordiales, Carranza y Villa nunca se entendieron. El sentido de autoridad que reclamaba para sí el Primer Jefe era incomprensible para el feroz guerrero. Los problemas causados por Villa a gobiernos extranjeros comenzaban a apilarse: había arreado como ganado a los españoles de Chihuahua, confiscado sus bienes, tolerado el asesinato del inglés Benton y el americano Bauch. En abril de 1914 Villa apresa al gobernador de Chihuahua Manuel Chao, hombre de Carranza. Es la

52. Villa en Torreón.
53. Posando.

54

54. Manuel Chao.

gota que derrama el vaso del Primer Jefe. Miguel Alessio Robles presenció el enfrentamiento:

> El señor Carranza, al ver a Villa que entraba en esos momentos a la sala principal del Palacio de Gobierno, se levantó de su asiento y le dijo: "Sé que tiene usted preso al gobernador de Chihuahua." Entonces quiso interrumpirle Villa para entrar en explicaciones y decirle los motivos por los cuales lo tenía preso. El señor Carranza le dijo en seguida: "No me interrumpa usted: sé que tiene preso al gobernador de Chihuahua y eso no lo puedo permitir yo ni mucho menos que en mi presencia se cometa ese desacato. Después de haber asesinado al súbdito inglés Benton, hecho que estuvo a punto de hacer fracasar la Revolución, no dejaré que cometa usted otro acto semejante. Una vez que haya usted puesto en libertad al general Chao, entonces oiré todas las explicaciones que usted quiera darme. Pero antes, no."
>
> El general Villa salió en el acto, y mandó poner en libertad al general Chao.
>
> El señor Carranza tenía en Chihuahua solamente la escolta del Cuarto Batallón de Sonora. Estaba a merced de las fuerzas de Francisco Villa; y, sin embargo, logró imponerse al tremendo y famoso guerrillero que contaba en esos momentos con un ejército fuerte y victorioso.

Por momentos su sentido de la autoridad lo llevaba al autoritarismo. Sin renunciar a la firmeza, con un poco menos de celo y un poco más de simpatía, hubiese logrado quizá plegar a Villa. Pero Ca-

55

rranza no estaba para sutilezas. También Juárez había sido criticado por su celo autoritario. La lección, de nueva cuenta, le parecía clara: más valía pecar por exceso como Juárez o Díaz, que por defecto, como Madero.

Mientras los militares hacían lo suyo, Carranza emulaba a Juárez en la batalla diplomática. Sabía que el resguardo absoluto de la soberanía nacional era condición necesaria para el triunfo de la Revolución, y en su defensa empleó toda su sabiduría heredada, innata o aprendida. Para Woodrow Wilson —su homólogo norteamericano— Carranza fue siempre una caja de sorpresas, un incomprensi-

56

55. Carranza en la silla de Juárez; junto a él, Gustavo Espinosa Mireles.
56. Un moralista: Woodrow Wilson.

57

57. John Reed retrató a Carranza.
58. Fierro mató a Benton.

ble saco de mañas, un hombre insensible a las buenas intenciones. Pero de aquella larga y compleja relación que con altas y bajas se prolongaría siete años, ambos saldrían razonablemente victoriosos.

Por el lado norteamericano todos los escarceos tuvieron un argumento similar al que había empleado, puertas adentro, Porfirio Díaz: pan y palo. La táctica del Departamento de Estado era alternar la amenaza, el amago, la violencia con la prédica moral, la conciliación, el apoyo. La táctica de Carranza era desconfiar tanto del pan como del palo y considerarlos imposturas. Su premisa —esta vez más porfiriana que juarista— era muy simple: así ocupe la Casa Blanca un apóstol bíblico, nada bueno puede esperar México de los Estados Unidos. "El peligro está en el yanqui que nos acecha", había dicho don Porfirio en París. ¿Y cómo olvidar el siniestro papel de Henry Lane Wilson en el martirio de Madero?

Al primer representante oficioso de Wilson que lo visita en noviembre de 1913, Carranza lo hace esperar diez días, lo recibe con fría formalidad, no se conmueve ante sus buenas intenciones de reconocimiento ni acepta transigir con la reacción para crear un gobierno provisional. En febrero del año siguiente, a raíz del asesinato del inglés Benton, rechaza la intermediación norteamericana en favor de un súbdito inglés, al tiempo que hace ver al cónsul norteamericano Simpich la necesidad de que con él, y no con cualquier otro jefe revolucionario, se ventilaran *todas* las querellas. En aquellos días caldeados por el caso Benton, John Reed conoce a Carranza. Reed le ofrece la buena voluntad del periódico que representa. Carranza lo agradece y aprovecha la oportunidad para lanzar una catilinaria contra los Estados Unidos y la pérfida Albión. Reed recuerda sus palabras:

58

59

59. Los marines esculcan.

A los Estados Unidos les digo que el caso Benton no es de su incumbencia. Benton era súbdito británico. Les responderé a los delegados de Gran Bretaña cuando vengan a verme con representaciones de su gobierno. ¿Por qué no vienen a mí? ¡Inglaterra tiene en la actualidad un embajador en la ciudad de México que le acepta a Huerta invitaciones para cenar, se descubre ante él y le estrecha la mano!

Esas naciones cobardes pensaron que podían asegurarse algunas ventajas, aliándose al gobierno del usurpador, pero el rápido avance de los constitucionalistas les mostró su error, y ahora se hallan en un aprieto.

La muerte de Benton se debió a un depravado ataque contra Villa por un enemigo de los revolucionarios —rugio el Primer Jefe, mientras hablaba más y más alto y con mucha rapidez—; e Inglaterra, la que intimida al mundo, se siente incapaz de tratar con nosotros, a menos que se humille enviando un representante ante los constitucionalistas, por lo que trata de utilizar a los Estados Unidos como instrumento. ¡Vergüenza debía darles a los Estados Unidos —gritó, blandiendo sus puños— vincularse a esas potencias infames!

¡Les digo que si los Estados Unidos intervienen en México sobre la base de ese nimio pretexto, la intervención no tendrá el efecto que piensa, sino que desatará una guerra que, además de sus propias consecuencias, ahondará un profundo odio entre los Estados Unidos y toda la América Latina, un odio que pondrá en peligro todo el futuro político de los Estados Unidos!

La intervención no se hizo esperar, aunque por razones distintas. El 21 de abril de 1914 los *marines* desembarcan en Veracruz. Con ese "palo" Wilson se propone dar a los constitucionalistas el "pan" de un bloqueo definitivo contra Huerta. Aunque Carranza lo comprende así, no admite las razones del secretario de Estado Bryan, exige el retiro inmediato de los *marines* y amaga con una situación de guerra. El 25 de abril Argentina, Brasil y Chile ofrecen sus buenos oficios de mediación, que Carranza acepta en principio pero al final declina, aduciendo que las propuestas de convocar a un armisticio beneficiaban a Huerta e implicaban una intervención en los asuntos internos de México.

60

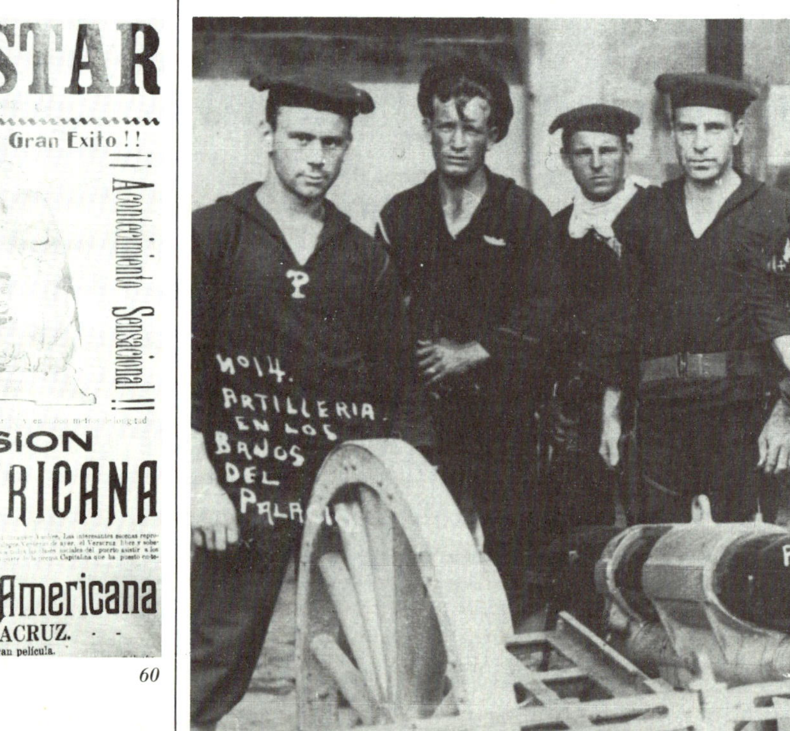

61

60-61. Llegaron los gringos.

El siguiente *round* ocurrió con posterioridad a la salida de Huerta. El 23 de julio de 1914, Wilson —antiguo profesor de filosofía en Princeton— decide dar una clase de política y moral al rudo ranchero de Coahuila. El constitucionalismo triunfante debía respetar vidas y compromisos financieros, otorgar una amplia amnistía, cuidarse de afectar al clero. Los Estados Unidos actuarían como representantes de otras potencias y su opinión sería decisiva en los reconocimientos diplomáticos. Por toda respuesta, el encargado de las relaciones internacionales —Fabela, no Carranza— evita mencionar las palabras de Wilson, refrenda el respeto a los derechos y compromisos

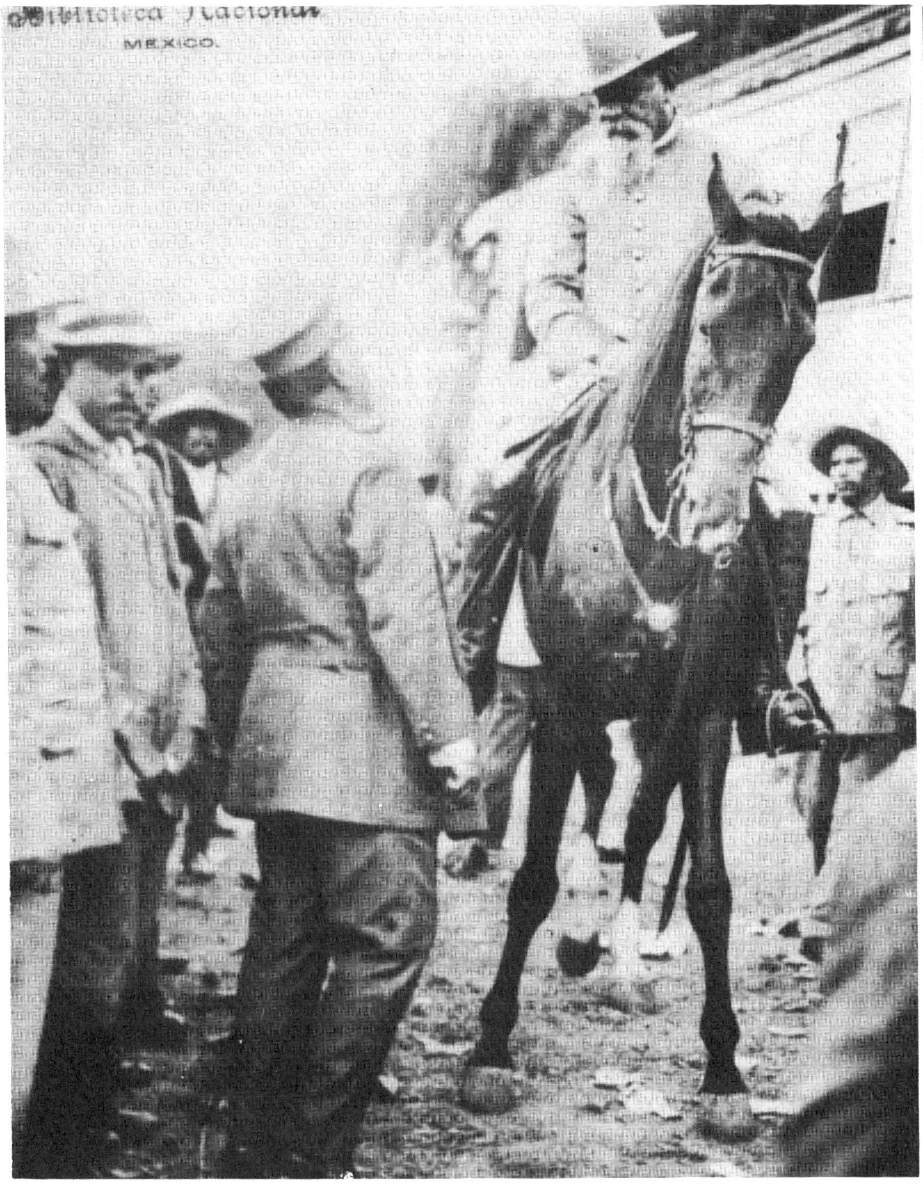
Biblioteca Nacional
MEXICO.

62

del país y concluye secamente que los hechos por venir "se decidirán de acuerdo con los mejores criterios de justicia y de nuestro interés nacional". Bryan —Siempre más radical que Wilson— amenaza con no reconocer al gobierno que emanase del constitucionalismo. Carranza ni siquiera se molesta en contestar.

El 20 de agosto de 1914, cinco días después de que Obregón firmase los Tratados de Teoloyucan en los que Carranza no cedió una coma a los últimos representantes del huertismo, el Primer Jefe entra a la capital. "Carranza —explica Charles Cumberland, el gran historiador del constitucionalismo— nunca 'llegaba' simplemente a una ciudad; siempre hacía entradas a caballo flanqueado por su estado mayor. En esta ocasión inició su marcha desde Tlalnepantla, a unos once kilómetros del Palacio Nacional, lo cual le permitió atravesar una gran parte de la ciudad y recibir la entusiasta bienvenida de cerca de 300 000 personas." Debió recordar a Juárez cuando después de Calpulalpan, entró a la capital el 11 de enero de 1861.

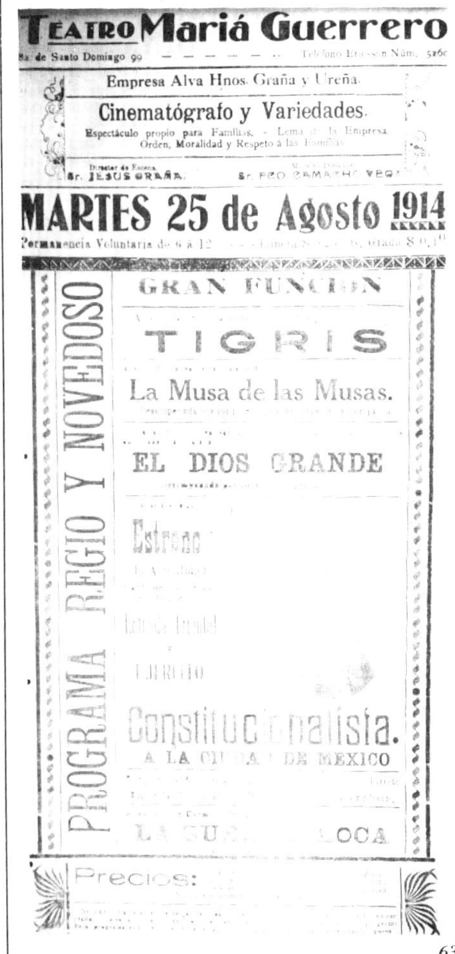

Teatro María Guerrero
de Santo Domingo 99
Empresa Alva Hnos. Graña y Ureña.
Cinematógrafo y Variedades.
Espectáculo propio para Familias.
Orden, Moralidad y Respeto á las Familias.
Director de Escena
Sr. JESUS GRAÑA.
MARTES 25 de Agosto 1914
Permanencia Voluntaria de 6 á 12
PROGRAMA REGIO Y NOVEDOSO
GRAN FUNCION
TIGRIS
La Musa de las Musas.
EL DIOS GRANDE
Constitucionalista.
DE MEXICO
Precios:

63

62. Los hermanos Carranza, Jesús y Venustiano.
63. Lo contemplaron en el cine.

Eficacia o legitimidad

64. El nuevo Calpulalpan.
65. Zapata es el nuevo Manuel Lozada.
66. Roque Estrada, Carranza, Cándido Aguilar, Isidro Fabela y Antonio Villarreal.

DE ACUERDO con el Plan de Guadalupe, el derrocamiento de Victoriano Huerta debía significar el triunfo del constitucionalismo y, en teoría al menos, el fin de la Revolución. En realidad fue sólo el principio. Venustiano Carranza era el Primer Jefe de la Revolución pero no el único. Dos caudillos populares se negaban a plegarse a su autoridad: Pancho Villa y Emiliano Zapata. De su difícil conciliación dependía la paz. Vista con perspectiva, la desavenencia entre ellos parece natural. Nada que no fuese el atributo de ser mexicanos los unía.

En ambos casos Carranza buscó el acercamiento, si bien bajo sus férreas condiciones. A los pocos días de entrar a la capital envió tres emisarios de honradez y solvencia fuera de toda sospecha a conferenciar con Zapata (eran Luis Cabrera, Juan Sarabia y Antonio Villarreal). "Con una expresión inequívoca de reconcentrado fu-

65

66

ror", Zapata apenas habló con ellos. Su condición fue que Carranza renunciase al Poder Ejecutivo y acatase letra por letra el Plan de Ayala. En el fondo, como ha escrito John Womack, el resultado estaba determinado de antemano:

> El Primer Jefe Carranza no despertaba la menor simpatía entre los agricultores y los trabajadores del campo de Morelos. Senador de los congresos porfirianos, viejo corpulento e imperioso, de tez colorada, anteojos oscuros y barbas a la Boulanger, montado en su caballo como si estuviese en un sillón, Carranza era políticamente obsoleto. Ahora podía ser revolucionario y rebelde, pero en otro mundo, un mundo establecido y civilizado de manteles limpios, bandejas de desayuno, alta política y cubos para enfriar vino.

67

Por su parte, siempre con la historia en mente, Carranza creía que los zapatistas eran "hordas de bandidos" y Zapata el nuevo Manuel Lozada, aquel temible *Tigre de Alica*, el cacique indígena de la sierra nayarita que había asolado el occidente de México con sus "hordas de salvajes". Si Madero con su bonhomía no había logrado atemperar el radicalismo del líder suriano, Carranza decidió agotar el expediente en unos días. El 5 de septiembre rechazó las condiciones de Zapata.

De Zapata lo separaban abismalmente la clase social, la cultura y hasta la civilización; es el mismo conflicto entre el México antiguo y el México liberal que recorre todo nuestro siglo XIX. Con Villa el problema tenía un tinte más político. "Pleito de enamorados" lo llamó Álvaro Obregón, con evidente exageración, pero refiriéndose a algo verdadero: era más querella de pasiones y personalidades que de creencias o ideologías.

Villa tenía una retahíla de quejas contra el Primer Jefe. Después de las disputas en Chihuahua y los ninguneos de Zacatecas, Carranza lo había bloqueado de varias maneras: negándole carbón a sus trenes, negando a la División del Norte la categoría de Cuerpo del Ejército, negándole a Villa, en lo personal, la gloria de entrar a la ciudad de México y hasta el grado de general de división. Aunque el 8 de julio villistas y carrancistas firman el Pacto de Torreón en el que ambas partes se reconocen y acuerdan convocar a una convención de generales para decidir el futuro político de México, Carranza sabe de antemano que el "pleito de enamorados" terminará en divorcio. Ya en septiembre escribe al gobernador de San Luis Potosí, Eulalio Gutiérrez: "Si somos incapaces de llegar a un acuerdo pacífico y empieza la lucha armada —no porque lo deseemos sino por causa de las circunstancias— queremos estar preparados."

68

69

67. Mundo civilizado de manteles limpios.
68. Ninguneos a Villa.
69. Aquel temible *Tigre de Álica*. .
70. La Convención. ▶

Aquel septiembre de 1914 el futuro político del país se jugaba en la lotería personal de los caudillos. Todo parecía incierto. Si la lucha común contra Huerta no había podido unirlos cabalmente, la victoria lo pudo aún menos. Se vivían sensaciones contradictorias: por un lado una voluntad positiva y desinteresada de pacificación, de acuerdo; por otro, una recelosa urgencia de establecer vínculos y alianzas, una lucha subterránea por el poder. Obregón se acerca a Villa pero no tanto como para pactar con él, y, sin embargo, uno y otro buscan, en cierto momento, la renuncia del Primer Jefe. Después de estar a punto de fusilar al "compañerito" Obregón, Villa es el primero que explota: el 23 desconoce a Carranza. El 3 de octubre, una convención más o menos carrancista reunida en la ciudad de México ratifica al Primer Jefe en su cargo, pero no unifica el mando nacional. En ese momento, el poder no es de nadie y casi nadie es leal sino a sí mismo. El 5 de octubre abre sus sesiones la Convención de Aguascalientes. Hasta entonces la querella había sido de personas y personalidades: Carranza contra Villa y, oscilando entre ellos, una colmena, de generales más o menos villistas, más o menos carrancistas y más o menos independientes. Una vez instalada la Convención el conflicto sería, además de político, jurídico y moral: un conflicto de legitimidades. ¿Quién era el depositario legítimo del poder en México? ¿La soberana Convención de Aguascalientes representada por los 150 generales más connotados de la Revolución —incluidos, al poco tiempo, representantes civiles de Zapata— o el Primer Jefe del Ejército Constitucionalista encargado del Poder Ejecutivo de acuerdo con el Plan de Guadalupe?

Sin participar directamente en las sesiones de la Convención —no era general más que de sus libros— José Vasconcelos formuló entonces la defensa jurídica de la Convención de Aguascalientes. La verdadera soberanía popular —escribió Vasconcelos— residía desde

71

72

71. José Vasconcelos.
72. Directiva de la Convención.

73

74

febrero de 1913 en los ciudadanos rebeldes a la usurpación, en el Ejército Constitucionalista, "que es el ejército del pueblo soberano". El artículo 128 de la Constitución vigente se refería al momento en que el pueblo *recobrase* su libertad venciendo a un gobierno anticonstitucional. ¿Y quién era el vehículo de ese restablecimiento avalado plenamente por la Constitución? El ejército rebelde.

Carranza podía argüir que él, en su carácter de Primer Jefe, encarnaba a la vez la autoridad del Ejército y la legalidad, tal como Juárez en 1858; pero el caso —decía Vasconcelos— era muy distinto: "A don Benito Juárez nunca pudo removerlo una junta de generales ni una junta de soldados, ni una convención de ciudadanos, porque a don Benito Juárez (...) le correspondió sustituir al Presidente electo que había desaparecido." Si la Convención —proseguía, con cruel lucidez, Vasconcelos— no podía reclamar en rigor el carácter de soberana ya que sus miembros no habían sido ungidos con el voto popular, sí cabía considerarla "suprema" y, desde luego, superior a Carranza en jerarquía. Suprema, para erigir gobierno provisional que restablezca el orden constitucional, para ordenar movilizaciones de ejércitos, designar presidente provisional y gobernadores interinos, dictar leyes y reformas sujetas a la ratificación de los Congresos y convocar a elecciones.

73. Jura de Eulalio Gutiérrez.
74. Carranza en Palacio Nacional.

Hasta allí Vasconcelos pensaba haber demostrado la legitimidad constitucional de la Convención. Pero ¿cómo olvidar que se vivían tiempos revolucionarios? ¿Cuál era la legitimidad revolucionaria de la Convención?

> (...) la revolución es antítesis de Constitución. La Constitución condensa las prácticas, las leyes, los convenios establecidos por los hombres para vivir en sociedad. La revolución se dirige a reformar y a construir de nuevo todas esas prácticas, convenios y principios; por eso lo primero que hace es desligarse de todas las trabas sociales, puesto que va a crear nuevas formas para el enlace de los individuos.
>
> (...) las revoluciones comienzan por la rebelión, se colocan desde luego fuera de la ley, son antilegalistas y por eso mismo soberanas y libres, sin más señor que el ideal, el ideal que encuentran en las filosofías sociales, en las vagas especulaciones de los precursores o en la acción viviente y el corazón generoso de los apóstoles y caudillos, los Hidalgo y Madero, que despiertan la

76

ternura y el entusiasmo, la protesta y el perdón. Se desenvuelven después a través de las peripecias y azares de la lucha y van a parar siempre a una nueva legalidad, a una legalidad que significa un progreso sobre el estado social anterior. Si esto no sucede, la revolución es un fracaso; para evitarlo debe concluir su misión.

Era pues misión de la soberana Convención de Aguascalientes —decía Vasconcelos— llevar a buen fin los dos objetivos de la Revolución: el político y el económico. Para el primero había que establecer en toda la República el imperio de la Constitución de 1857, en la inteligencia de que "interesa más salvar los propósitos fundamentales de la revolución actual que obedecer los preceptos del Código del 57". Mas con un gran pero: "distinguir la necesidad revolucionaria del abuso de los gobiernos": "No olvide la revolución, si quiere cumplir sus fines, el respeto que debe a la personalidad humana, única entidad que suele estar por encima aun de las mismas revoluciones."

Para alcanzar la finalidad fundamental —la económica— la Convención debería legislar de modo inmediato aunque provisional. El problema agrario reclamaba atención prioritaria:

Redáctense las resoluciones de la Convención a este respecto, y pónganse en práctica desde luego, a fin de que todas las reformas

75-76. Las revoluciones son soberanas y libres.

así producidas lleguen a la categoría de hechos consumados, antes de que los congresos legalmente electos a los gobiernos constitucionales que sucedan a la Convención puedan venir a trabajar en contra de los intereses nacionales.

En suma, dos legitimidades requería la Convención, y para Vasconcelos dos legitimidades poseía, las únicas posibles, las únicas necesarias:

> La Convención de Aguascalientes obrará y hablará para bien de todos los mexicanos, y llevará adelante sus resoluciones, soberanamente, por los dos derechos: el de la ley y el de la revolución; el de la razón y el de la fuerza.

77

Frente a este edificio jurídico que, acaso sin conocerlo, compartían instintivamente y sin excepción todos los jefes en Aguascalientes, ¿cuáles eran las razones de Carranza?

En un mensaje que envía a la Convención el 23 de noviembre de 1914, Carranza declina la invitación que se le hace para acudir a Aguascalientes. Aunque se extraña de la premura con que la asamblea reclama su renuncia y declara que su retiro no debe abrir el paso a una restauración o a un "régimen de apariencia constitucional", propone tres condiciones para hacerlo efectivo y salir, en caso necesario, del país: 1) establecimiento de un régimen preconstitu-

77 -78. El derecho de la fuerza.

79

79. Llegando a México.

cional "que se encargue de realizar las reformas sociales y políticas que necesita el país antes de que se restablezca un gobierno plenamente constitucional"; 2) renuncia y, en su caso, exilio de Villa, y 3) renuncia y, en su caso, exilio de Zapata.

Una semana después, las comisiones unidas de Guerra y Gobernación de la Convención que integran, entre otros, los generales Obregón, Ángeles, Aguirre Benavides, Chao, Gutiérrez y Madero, aceptan en principio las condiciones de Carranza, pero en términos que a la postre no convencen al Primer Jefe. El 5 de noviembre, una vez nombrado Presidente provisional Eulalio Gutiérrez —aunque sólo por veinte días, hasta su ratificación— la Convención envía un ultimátum de renuncia a Carranza a través de Antonio I. Villarreal, Obregón, Hay y Aguirre Benavides. Cuatro días más tarde, desde Córdoba, Veracruz —adonde en previsión de un atentado había trasladado su gobierno— Carranza responde con un largo telegrama a los jefes y gobernadores reunidos en Aguascalientes. Su razonamiento no es filosófico y jurídico, como el de Vasconcelos, sino práctico y, en cierta manera, histórico. No aceptará las disposiciones de la Convención ni renunciará a su investidura, en tanto no se cumplan cabalmente las tres condiciones que había propuesto. A la

80

fecha, sostenía Carranza, Villa seguía fungiendo como jefe de la División del Norte y comenzaba a inmiscuirse en el mando de otras divisiones; Zapata, lejos de ver menguado su poder, era enaltecido por la Convención; en cuanto a su primera condición, sus razones, aunque más complejas, no eran menos claras. Por más legitimidad revolucionaria que el Presidente provisional tuviera ¿qué clase de gobierno podía ejercer, tal y como se le eligió?

> No puedo, en efecto, entregar el poder a un gobierno que carezca en absoluto de bases constitutivas y que no tenga lineamientos de ninguna clase ni atribuciones definidas ni facultades determinadas. Dicho gobierno sería: o enteramente personalista y dictatorial, puesto que el general Gutiérrez tendría que obrar a su entero albedrío, o la Junta tendría que ser realmente la que gobernara, siendo este último el caso que temo más; pues de entregar el poder al general Gutiérrez en las condiciones y tiempo para que fuera nombrado, el resultado final sería que la Convención continuaría funcionando indefinidamente y bien sabemos cuáles son los inconvenientes de que la jefatura de un ejército y poder ejecutivo de una nación, queden en manos de una asamblea por ilustrada, idónea y capaz que se le suponga.

Como cuerpo deliberativo, la Junta de Aguascalientes sería tal

80. Con los embajadores de la Convención.

81

vez deficiente y de ello ha dado pruebas; pero como cuerpo administrativo y ejecutivo, sería un instrumento de tiranía desastroso para el país. Como Jefe del Ejército, como encargado del Poder Ejecutivo, como caudillo de una revolución que aún no termina, tengo muy serias responsabilidades ante la Nación; y la Historia jamás me perdonaría la debilidad de haber entregado el Poder Ejecutivo en manos de una asamblea que no tiene las condiciones necesarias para realizar la inmensa tarea que pesa sobre el ejército constitucionalista.

De sus buenas lecturas de historia francesa —en las que prefería siempre la versión clásica a la romántica— Carranza había aprendido a desconfiar del asambleísmo. La experiencia de la República Restaurada en México confirmaba también, en su opinión, la inhabilidad histórica de los órganos deliberativos. De allí que Carranza usara la frase "bien sabemos cuáles son los inconvenientes (...)" Es posible, por otra parte, que una lectura desapasionada del texto de Vasconcelos hubiese contado con la aprobación de Carranza. En ambos casos había una tácita admisión de supremacía de la legitimi-

81. Teatro Morelos de Aguascalientes: escenario de la Convención.
82. Desconfiaba del asambleísmo.
83. El presidente Gutiérrez.

dad revolucionaria sobre la constitucional y aunque Vasconcelos no lo fraseaba de ese modo, su referencia a la "nueva legalidad" y su insistencia en alcanzar "desde luego" la "finalidad económica" de la lucha "antes de que los gobiernos constitucionales (...) (pudiesen) trabajar en contra de los intereses nacionales" confluía, de hecho, en el reformismo preconstitucional por el que pugnaba Carranza. Pero además del escollo político y militar que representaban Villa y Zapata —cuyas actitudes provocaron, no menos que Carranza, la escisión definitiva y la guerra civil— el problema para el Primer Jefe no era tanto de legitimidad abstracta como de responsabilidad y eficacia concreta.

Sólo él, y no la asamblea, podía, a su juicio, encauzar tutelarmente la "formidable y majestuosa lucha social". Este acto de afirmación del "encargado del Poder Ejecutivo" sobre la asamblea revolucionaria es un momento decisivo en la historia mexicana y un presagio de los tiempos por venir. ¿Cuál habría sido la estructura política de México si Carranza se hubiese plegado a la Convención? Quizá más democrática, quizá más frágil. Nunca lo sabremos: el triunfador fue Carranza. "Convencido como estaba —escribe Arnaldo Córdova— de que él encarnaba los verdaderos intereses de la Nación, se concebía a sí mismo como el principio del Estado en ciernes y actuaba en consecuencia."

82

83

En este sentido cabe decir que el Estado nacido de la Revolución es, en parte, obra del Primer Jefe. Parafraseando a Vasconcelos, Carranza hubiese podido decir: "El Primer Jefe obrará y hablará para bien de todos los mexicanos, y llevará adelante sus resoluciones *soberanamente* por dos derechos: el de *su* responsabilidad y el de la Revolución; el de *su* razón y el de la fuerza."

A su juicio, Juárez no había obrado de manera distinta. El argumento de que Juárez era Presidente y él sólo Primer Jefe le hacía lo que el viento a Juárez. Urgía continuar el libreto, expedir las nuevas leyes de Reforma, instalar el Gobierno en Veracruz.

84

84. Tras las huellas de Juárez.

La nueva Reforma

DESPUÉS de sostener un nuevo *round* victorioso contra Woodrow Wilson y lograr la retirada incondicional de las fuerzas de ocupación, a fines de noviembre de 1914 Carranza establece, en efecto, su gobierno en Veracruz. En aquel puerto residiría hasta octubre de 1915, cuando la situación militar se definiría en su favor. En un principio el cuadro parecía adverso. Los carrancistas dominaban la salida al Golfo, todo el Sureste, buena parte de Tamaulipas y Veracruz, pero la inestable alianza de la Convención, de Zapata y de Villa imperaba en todo el territorio

85

86

85. Go home!

86. Defendió la soberanía.

88

89

87

restante. En abril de 1915 Obregón vence a Villa en el Bajío; en mayo, Murguía, Castro y Treviño triunfan en el Noroeste y Pablo González inicia la campaña final contra Zapata; en julio, se rinde Francisco Lagos Cházaro, el último presidente de la Convención, y en agosto los constitucionalistas ocupan definitivamente la capital. El reconocimiento diplomático del gobierno de Carranza por parte de los Estados Unidos en Octubre de 1915 no es más que la aceptación del triunfo militar.

Pero no sólo de acciones militares vivía la Revolución. También de acción política y reforma social. Carranza integró su gabinete con civiles y militares de la clase media profesional. Entre sus colaboradores están los licenciados Luis Cabrera (Hacienda), Rafael Zubarán Capmany (Gobernación) y Félix F. Palavicini (Instrucción

90

91

92

87. Carranza y Félix Palavicini.
88. Con Jesús Urueta en Veracruz.
89. Vence a Villa en el Bajío.
90-91. El martirio de Jesús Carranza.
92. Satisfacción a las necesidades.
93. Hacienda Peotillos, San Luis Potosí. ▶

Pública); los ingenieros Alberto J. Pani (Ferrocarriles), Ignacio Bonillas (Comunicaciones) y Pastor Rouaix (Fomento); los generales Álvaro Obregón (jefe del Ejército de Operaciones), Ignacio L. Pesqueira (Guerra y Marina) y Francisco J. Múgica (presidente del Tribunal Superior de Justicia Militar).

A fines de 1914, antes de iniciar la gran Reforma, Carranza enfrenta un suceso particularmente doloroso. A su hermano Jesús y su sobrino Abelardo los secuestra el general Alfonso J. Santibáñez en Oaxaca. Carranza ordena una movilización de rescate. Santibáñez busca un arreglo y ordena a Jesús, en repetidas ocasiones, telegrafiar al Primer Jefe pidiéndole que suspenda la orden de ataque y rescate. Aunque sabe el riesgo que corre su hermano, Carranza no cede. El lo. de enero envía a éste un telegrama definitorio:

> Impuesto de tu mensaje de hoy. Por el tenor de tu telegrama y por el hecho de que permanezcas preso en San Jerónimo, veo que el conflicto no está solucionado. Por lo que hace a movimiento de fuerzas he tomado las medidas que la situación exige. No puedo prometer nada, ni dar mi palabra para ningún arreglo. Hace tres días declaré públicamente que seguiré una política de absoluta intransigencia para los enemigos y traidores y que no pasaré por ningún arreglo que hagan con ellos los jefes del Ejército de mi mando. Esta promesa tengo que cumplirla en el primer caso que se me presenta, que es precisamente el tuyo. Estando tú preso no

tienes libertad para tratar, ni yo puedo resolver con libertad mientras permanezcas en el mismo estado. Cuando te pongan en libertad y yo conozca los hechos, entonces podré resolver lo que convenga, pero no debo hacerlo bajo la presión moral que se me quiere imponer reteniéndote preso. Por lo tanto, no pasaré por ningún arreglo que hagas con Santibáñez, a quien haré responsable de las consecuencias de su conducta.

Al día siguiente, el Primer Jefe pone a Jesús el telegrama definitivo: "Me despido de ti y de las personas que están presas junto contigo, deseando salgan con felicidad del trance en que se encuentran. / *Tu hermano.*"

Once días después, luego de una ardua caminata por la sierra de la región mixe, en un sitio llamado Xambao, distrito de Villa Alta, Jesús Carranza, su hijo y su secretario eran asesinados.

El 12 de diciembre Carranza había empezado a cumplir la palabra empeñada en Hermosillo. Sus adiciones al Plan de Guadalupe iniciaban la "formidable y majestuosa lucha social" que entonces había vaticinado. Hacia ese fin apuntaba el artículo 2o. de las "adiciones", de *sus* futuras Leyes de Reforma:

Art. 2o. El Primer Jefe de la Revolución y encargado del Poder Ejecutivo expedirá y pondrá en vigor, durante la lucha, todas las leyes, disposiciones y medidas encaminadas a dar satisfacción a las necesidades económicas, sociales y políticas del país, efectuando las reformas que la opinión exige como indispensables para restablecer el régimen que garantice la igualdad de los mexicanos entre sí; leyes agrarias que favorezcan la formación de la pequeña propiedad, disolviendo los latifundios y restituyendo a los pueblos las tierras de que fueron injustamente privados; leyes fisca-

94. Leyes relativas al matrimonio.
95 -98. Hoy comienza la revolución social.

94

95

les encaminadas a obtener un sistema equitativo de impuestos a la propiedad raíz; legislación para mejorar la condición del peón rural, del obrero, del minero y, en general, de las clases proletarias; establecimiento de la libertad municipal como institución constitucional; bases para un nuevo sistema de organización del Poder Judicial independiente, tanto en la Federación como en los estados; revisión de las leyes relativas al matrimonio y al estado civil de las personas; disposiciones que garanticen el estricto cumplimiento de las leyes de Reforma; revisión de los códigos Civil, Penal y de Comercio; reformas del procedimiento judicial, con el propósito de hacer expedita y efectiva la administración de justicia: revisión de las leyes relativas a la explotación de minas, petróleo, aguas, bosques y demás recursos naturales del país, y evitar que se formen otros en lo futuro; reformas políticas que garanticen la verdadera aplicación de la Constitución de la República, y en general todas las demás leyes que se estimen necesarias para asegurar a todos los habitantes del país la efectividad y el pleno goce de sus derechos y la igualdad ante la ley.

Cuando a principios de 1915 Carranza exclama: "Hoy comienza la revolución social", se refiere a una revolución social *a través* de las leyes. Para hacer más evidente la simetría con Juárez, que en Veracruz había dictado la ley sobre matrimonio civil, Carranza decreta el divorcio legal el día de Navidad de 1914 —fecha simbólica. La redacción misma de aquel artículo 2o. revelaba un cierto anclaje en el liberalismo constitucional. Aunque habla de restitución de tierras y disolución de latifundios, lo hace con un espíritu de justicia, no con el propósito de crear un nuevo régimen de propiedad o abanderar un apostolado social. La insistencia en temas como la libertad municipal, la independencia del Poder Judicial o la igualdad ante la ley, son también signos claros de esa supervivencia liberal. Al calce de los documentos oficiales, junto a la firma de Carranza, aparecía la leyenda "Constitución y Reformas". Años después, algunos regímenes usarían el lema "Salud y Revolución Social". Nadie mejor que Félix F. Palavicini expresó el propósito de Carranza en Veracruz: "Constituir la Revolución."

Desde la expedición de las primeras reformas a principios de 1915 hasta la jura de la nueva Constitución en Querétaro el 5 de febrero de 1917, el gobierno preconstitucional de Carranza libraría una batalla múltiple, tan compleja o más que la militar —en la que, por cierto, no dejó de intervenir, dirigiendo sus aspectos políticos, su administración, proveeduría y finanzas. "Tendremos que removerlo todo —había dicho en Hermosillo—, drenarlo y construirlo de verdad." Y así ocurrió. La caja de Pandora se abrió en cuando menos *siete vetas profundas de la vida mexicana*: el problema agrario, el problema obrero, la soberanía sobre los recursos naturales, la rela-

96

97

98

99

99. Recuerdan a Jesús Carranza.

ción entre la Iglesia y el Estado, el papel del Estado en la economía, el problema de la educación y la estructura política. En algunos casos la iniciativa de reforma partió del Gobierno, en otros provino de la presión social. Para los dirigentes y para la sociedad, aquellos dos años —1915 y 1916— fueron tiempos de experimentación histórica. De la tensión entre ambos la Revolución delineó su perfil.

Indirecta, simbólicamente, la reforma agraria que se inicia con la Ley del 6 de Enero de 1915 es obra de Zapata. En tiempos porfirianos fue común escuchar que en México no había problema de tierras. El profundo libro del antiguo juez de pueblo Andrés Molina Enríquez —*Los grandes problemas nacionales* (1909)— había advertido la gravedad de la cuestión y propuesto remedios; pero durante algunos años fue voz en el desierto. De pronto, en los albores de la Revolución maderista, el zapatismo desmentía a los incrédulos: no sólo había problema de tierras; existía todo un agravio histórico pendiente, la vieja querella de los campesinos contra la era liberal que había negado su cultura, cercado sus tierras, acosado su antiguo modo de ser.

Por un tiempo Carranza pensó también que el problema "se había exagerado", pero poco a poco cedió a las evidencias y a la presión de sus lugartenientes. El 1o. de septiembre de 1913, Lucio Blanco, con ayuda de Francisco J. Múgica, expropia y fracciona la hacienda de los Borregos en Tamaulipas. Aunque Carranza lo reprende, no logra frenar el impulso: Alberto Carrera Torres y Pastor Rouaix siguen el ejemplo de Blanco. Hacia el mes de septiembre de 1914, varios estados de la República decretan la abolición de la servidumbre y reglamentan jornadas y salarios. Ese mismo mes, al fracasar las pláticas con Zapata, Carranza declara:

100

101

100. Carranza dudó.
101. Múgica expropió.

102

103

Considero innecesaria la sumisión al Plan de Ayala supuesto que (...) estoy dispuesto a que se lleven a cabo y se legalicen las reformas agrarias que pretende el Plan de Ayala, no sólo en el estado de Morelos sino en todos los que necesiten esas medidas.

En Veracruz, Luis Cabrera, lugarteniente intelectual de Carranza, da los últimos toques a una nueva ley agraria. El propio Cabrera confesaría, años después, los motivos de Carranza. "El Primer Jefe (...) creyó fortalecer su situación militar y política enarbolando la bandera del agrarismo." Pero más allá de los resortes subjetivos, a partir del 6 de enero de 1915 el Plan de Ayala tuvo un homólogo poderoso en aquella ley redactada por Cabrera e inspirada por Molina Enríquez. La fecha de expedición la escogió Carranza: pretendía dar un nuevo contenido social al Día de Reyes.

La Ley del 6 de Enero —explica Cumberland— concebía al ejido como reparación de una injusticia, no como un nuevo sistema de tenencia. Se trataba de restablecer el patrimonio territorial de los pueblos despojados y crear nuevas unidades con terrenos colindantes a los pueblos que se expropiarían para el efecto. En el papel, el mecanismo era sencillo. Los pueblos elevaban su solicitud a la Constitución Agraria Local, que decidía sobre la justicia de la restitución o dotación. En caso afirmativo, tornaba al comité particular ejecutivo la orden de deslinde y entrega provisional. Una comisión nacional agrícola dictaminaría en definitiva sobre cada caso y el Poder Ejecutivo expediría los títulos respectivos. Las personas afectadas tendrían derecho de apelación.

Si en el papel parecía sencillo, en la práctica el mecanismo resultó limitante, complicado y lento. Los beneficiarios de la ley eran "los pueblos", pero la ley no los definía. El tejido social en el campo me-

102. Urueta y Cabrera: el orador y el pensador.
103. Enarboló la bandera del agrarismo.

xicano incluía otros personajes frente a quienes la ley era indiferente: medieros, arrendatarios, peones agrícolas y acasillados. Carranza había deseado la pacífica sumisión de la realidad a la ley, pero la violenta realidad, en muchas partes, la rebasaba. Hubo invasiones, talas, conflictos, confiscaciones. El 11 de junio de 1915 Carranza se sintió obligado a expedir un "manifiesto a la nación":

> En el arreglo del problema agrario no habrá confiscaciones. Dicho problema se resolverá por la distribución equitativa de tierras que aún conserva el Gobierno; por la reivindicación de aquellos lotes de que hayan sido ilegalmente despojados individuos o comunidades; por la compra y expropiación de grandes lotes si fuera necesario; por los demás medios de adquisición que autoricen las leyes del país. La Constitución de México prohíbe los privilegios (...) Toda propiedad que se haya adquirido legítimamente de individuos o gobiernos legales y que no constituya privilegio o monopolio, será respetada.

La Comisión Nacional Agrícola tardó más de un año en instalarse, y cuando lo hizo, el 8 de marzo de 1916, trabajó con la velocidad de una tortuga. Mientras Carranza, sobre la marcha, expide decretos que afinan o limitan aspectos de la ley original, en el Palacio de Minería de la capital la Comisión estudia cientos de expedientes. El 19 de septiembre de 1916, para desesperación de varios radicales y de muchos pueblos despojados o necesitados de tierra, Carranza suspende las posesiones provisionales. Un mes después, con fundamento en títulos exhibidos por el pueblo de Iztapalapa que databan de

104. En Iztapalapa, la primera restitución de tierras.
105. Rancheros beneficiados.

105

104

106

1801, la Comisión expide su primera restitución definitiva. Antes de la promulgación de la nueva Constitución expediría únicamente dos más: en Xalostoc y Xochimilco. Magra cosecha.

Con el problema obrero la trayectoria de acercamiento y distancia, de iniciativa legal y freno práctico fue similar aunque más abrupta. Carranza recordaba las reformas a la legislación laboral que iniciara su admirado Bernardo Reyes en pleno porfiriato, y se proponía mejorarlas. Él mismo había introducido una ley sobre accidentes de trabajo durante su periodo como gobernador. Una de sus primeras decisiones en Veracruz fue modificar la Constitución de 1857 para que su gobierno pudiese legislar sobre el trabajo. Al mismo tiempo integró una Comisión de Legislación Social con cuatro abogados: José Natividad Macías, Luis Manuel Rojas, Félix F. Palavicini y Alfonso Cravioto. La encomienda era estudiar las distintas legislaciones internacionales sobre el trabajo y aclimatarlas en México. Para cumplirla, Macías viaja a los Estados Unidos y Europa. A su regreso redactaría un anteproyecto con varias disposiciones modernas: jornada de ocho horas, salario mínimo, establecimiento de juntas de conciliación y arbitraje, confirmación de derechos sindicales, accidentes de trabajo, etcétera... Aunque el proyecto no alcanza el rango de decreto, servirá de molde inicial del artículo 123 en la nueva Constitución.

106. La Casa del Obrero Mundial.
107. *Atl*, el inventor de los batallones.

107

Carranza y sus lugartenientes habían pretendido atraer al campesinado con las sirenas de la Ley del 6 de Enero. Con los obreros la táctica fue más directa: establecer un pacto político. La idea, en realidad, partió de Obregón, que una vez más revelaba su genio, no sólo militar sino político. Secundado por la oratoria de Gerardo Murillo —el *Dr. Atl*— y la astucia no menos persuasiva de Alberto J. Pani, Obregón se acercó a la Casa del Obrero Mundial. Como prenda le había cedido ya, para instalar sus locales, el convento de Santa Brígida y el Colegio Josefino. A pesar de su raigambre anarcosindicalista

108

opuesta a toda relación con el poder, el 17 de febrero de 1915 la Casa firma en la ciudad de Veracruz un pacto trascendental con el Ejército Constitucionalista. A cambio de un futuro apoyo a las demandas de la clase obrera, la Casa se comprometía a "tomar las armas, ya para guarnecer las poblaciones que están en poder del gobierno constitucionalista, ya para combatir a la reacción", es decir, a los villistas y zapatistas. Inmediatamente se integraron seis batallones obreros denominados "rojos". En sus filas había más artesanos que obreros industriales: carpinteros, tipógrafos, albañiles, sastres, canteros. Cerca de tres mil hombres iniciaron su movilización hacia el cuartel general de Orizaba. Entre ellos iba el pintor José Clemente Orozco. Días más tarde los Batallones Rojos entrarían en acción.

109

108. Carranza con los representantes de la Casa del Obrero Mundial.
109. Batallones Rojos.

Aún antes de decidirse la contienda militar en favor de los constitucionalistas, los gobernadores de Veracruz y Yucatán —Cándido Aguilar y Salvador Alvarado— expidieron decretos avanzados en materia obrera. Al ocupar definitivamente la capital en agosto de 1915, Pablo González cede a los obreros la Casa de los Azulejos, símbolo del porfiriato, antigua sede del Jockey Club. Pero aquella luna de miel era engañosa. Cuando a fines de 1915 los obreros intentan ejercer, en varias instancias, el derecho de huelga, el gobierno de Carranza reacciona con dureza creciente.

110. Morones Rojo.
111. Telefonistas en huelga.

110

El 20 de enero de 1916, en represalia por una huelga ferrocarrilera de solidaridad con los obreros textiles de Orizaba, Carranza militariza a los trabajadores del riel. A principios de 1916, bajo la presidencia del electricista Luis N. Morones, se integra la Federación de Sindicatos Obreros del Distrito Federal (FSODF) cuyo objetivo es volver a la tradición anarcosindicalista. El 13 de enero se expide la orden de concentrar en la ciudad de México a los Batallones Rojos para disolverlos. Días después, Carranza ordena a los gobernadores impedir concentraciones obreras, recoger credenciales y aprehender a los delegados cuya "labor tienda a trastornar el orden público".

Los enormes problemas económicos del gobierno preconstitucional, el deterioro de la moneda y el aumento constante de los precios, trajeron consigo una ola de huelgas en varias ciudades de la República. En mayo de 1916 estalla en la capital una huelga que apoyan electricistas, tranviarios y telefonistas. Benjamín Hill, entonces comandante militar, amenaza con "severos castigos" a los huelguistas de la FSODF, pero retrasa el enfrentamiento mediante el pago en una

111

moneda nueva: "el infalsificable". Muy pronto, el infalsificable comienza a devaluarse. Los obreros pretenden cobrar en oro y se oponen a los despidos que empezaban a volverse habituales. El diario *El Pueblo*, voz del gobierno constitucionalista, da la versión oficial de los hechos:

> Cuando las clases trabajadoras asumen actitudes exclusivistas, como hace el capitalismo, entonces resulta que se borra toda diferencia entre el monopolio y la huelga. Entonces resulta ser la huelga el monopolio del trabajo (...) La Confederación de Sindicatos está en el deber de marchar en sus procedimientos, en perfecto acuerdo con la Revolución hecha Gobierno, porque la Revolución, en conjunto, tiene sobre los derechos del trabajo la supremacía del sacrificio y el valor incotizable por inmenso, de la sangre derramada (...) Debe tener presente los delicadísimos momentos actuales de nuestra política internacional y la necesidad que el mismo Gobierno tiene (...) de la cooperación de todos los ciudadanos (...) La revolución constitucionalista abarca todos los intereses del pueblo mexicano; no ha sido una revolución hecha exclusivamente para el obrero (...)

Agosto de 1916 sería el mes crucial. En el salón Star de la ciudad de México —sede del Sindicato Mexicano de Electricistas— una concentración masiva ha llamado a la huelga general. El 1o. de agosto

112

113

112. Comité de huelga de los electricistas.
113. Pronto dejaría de existir la Casa del Obrero Mundial.

Carranza toma una decisión durísima contra la "desagradecida clase trabajadora": vuelve a resucitar la ley del 25 de enero de 1862:

> ARTÍCULO 1o. Se castigará con la *pena de muerte*, además de a los trastornadores del orden público que señala la ley del 25 de enero de 1862:
>
> *Primero*. A los que inciten a la suspensión del trabajo en las fábricas o empresas destinadas a prestar servicios públicos o la propaguen; a los que presidan reuniones en que se la proponga, discuta o apruebe; a los que la defiendan y sostengan; a los que la aprueben o suscriban; a los que asistan a dichas reuniones o no se separen de ella tan pronto como sepan su objeto, y a los que procuren hacerla efectiva una vez que se hubiera declarado.
>
> *Segundo*. A los que (...) destruyeren o deterioraren los efectos de la propiedad de las empresas (...) a los que provoquen alborotos públicos sea contra funcionarios públicos o contra particulares (...) o que se apoderen, destruyan o deterioren bienes públicos o de propiedad particular.
>
> *Tercero*. A los que con amenazas o por la fuerza impidan que otras personas ejecuten los servicios que prestaban.
>
> ARTÍCULO 2o. Los delitos de los que habla esta ley serán de la competencia de la misma autoridad militar que corresponde conocer de los que define y castiga la ley del 25 de enero de 1862.

Al día siguiente la Casa del Obrero Mundial dejó de existir. Carranza seguiría pensando —como había dicho en Veracruz— que los obreros "negaban el reconocimiento sagrado de la Patria (...) el principio de autoridad (...) todo régimen de gobierno". Las organizaciones obreras, por su parte, extraerían del enfrentamiento una lección de sabiduría: esperar el arribo de un presidente con la sensibilidad política y social para institucionalizar el pacto.

La legislación más entrañable para Carranza era la que se proponía defender o reivindicar los recursos naturales del país. En este empeño no dio ni pidió cuartel. "A conservar ante todo la integridad de la Nación y su independencia —dijo a principios de 1916— es a lo que aspira muy principalmente la Revolución actual, aparte de buscar el bienestar social (...)" Pero ni la integridad ni la independencia serían plenas si no se revertía la inclinación porfiriana de manga ancha con las inversiones extranjeras, sobre todo en materia de petróleo y minas.

La disputa se libró en varios frentes: contra las compañías petroleras, las empresas mineras y los gobiernos que las defendían, sobre todo el norteamericano. El frente más arduo fue el del petróleo. La legislación porfiriana otorgaba al dueño de la superficie la propiedad de los depósitos combustibles y bituminosos del subsuelo. Gracias a

114. Agitador.
115. Condenado a muerte.

114

115

116

116. Edward L. Doheny, magnate petrolero norteamericano.

ello y a un régimen fiscal casi inexistente, dos empresas rivales habían acumulado propiedades inmensas o inmensamente productivas: El Águila, la compañía inglesa de lord Cowdray, y la Mexican Petroleum, del magnate norteamericano Edward Doheny. La primera operaba en la zona de Poza Rica y Papantla, la segunda en la de Tampico. La inversión total llegaba a los 300 millones de dólares.

El presidente Madero había dado los primeros pasos para limitar por la vía fiscal los privilegios de los petroleros: en 1914 Cándido Aguilar decreta que las futuras perforaciones requerirán permiso oficial. El 19 de septiembre de 1914, desde la ciudad de México, Carranza instaura en todos los distritos fiscales un comité de análisis de bienes raíces. El decreto impuso a las compañías un dilema: si admitían el valor real, se incrementarían los impuestos; si declaraban el fiscal, corrían el riesgo de sufrir expropiación.

Ya en Veracruz, montado sobre el caballo de su nueva Reforma, Carranza emite, el 7 de enero de 1915, un decreto que suspende los trabajos de construcción y explotación de petróleo hasta la emisión de una ley del petróleo. En ella trabaja el ingeniero Pascual Rouaix, quien al poco tiempo dictamina sobre la justicia de "restituir a la Nación lo que es suyo, la riqueza del subsuelo, el carbón de piedra,

117

118

el petróleo". En mayo de 1915 Carranza envía al propio Rouaix a observar el funcionamiento de las refinerías, campos y laboratorios norteamericanos con la idea precursora de crear una empresa petrolera mexicana.

El gozo nacionalista se iría al pozo petrolero por algún tiempo. Desde fines de 1914 hasta 1920, el general Manuel Peláez, dueño del feudo de las Huastecas, cobra 15 mil dólares mensuales por proteger a las compañías petroleras de toda interferencia del poder central. Al gobierno de Carranza no le quedó otra salida que incrementar los impuestos de exportación —Peláez no controlaba los puertos— e insistir en otras vías de reivindicación: restringir la explotación por medio de permisos provisionales y registros; introducir —como había advertido desde su discurso en Hermosillo— la famosa cláusula Calvo que iguala frente a la ley a nacionales y extranjeros y, en fin, alertar a la opinión pública sobre la justicia del verdadero objetivo: recobrar para la Nación el control del subsuelo.

Con las compañías mineras —80% de las cuales estaban en manos norteamericanas— el problema era distinto, pero no menos grave. En materia de minas, la legislación porfiriana no había sido tan generosa como en la de petróleo. Continuando la tradición virreinal, negó al superficiario la posesión de los minerales. Esta circunstancia favorable ayudó un poco a Carranza. Al primer aumento impositivo decretado el 1o. de marzo de 1915, las compañías y Washington aducen inconstitucionalidad y exigen su derogación. Dos meses después, Carranza otorga concesiones a la pequeña minería y reglamenta impuestos y plazos de caducidad que afectan a las grandes compañías. El secretario de Estado, Lansing, insiste en la derogación de los decretos, pero sólo consigue ampliaciones de plazo. Carranza mantiene firme el arma de la caducidad porque provenía de la legislación porfiriana. El 15 de agosto de 1915 Carranza da otra vuelta a la tuerca con la inclusión legal, ya mencionada, de la cláusula Calvo.

117. Pastor Rouaix.
118. Coto de Peláez.

A partir de ese instante, los extranjeros no podían emplear la vía diplomática para defender sus derechos, sino únicamente los tribunales nacionales. Lansing truena una vez más: "disiente enfáticamente" del nuevo decreto e insiste en la validez de la vía diplomática; se trata, a su juicio, de impuestos confiscatorios. Carranza pone oídos sordos: sólo cede en algunos plazos y recargos, pero no vuelve sobre sus pasos: nunca derogó un decreto nacionalista.

Hubo un antiguo proceso histórico sobre el que Carranza no hubiese querido actuar, una cuestión que no tocó en su discurso de Hermosillo y que él, como muchos, creía superada: la relación entre la Iglesia y el Estado. Casi 40 años de conciliación porfiriana parecían haber logrado el milagro de limar las aristas mochas y jacobinas. De pronto, en 1914 comienzan a asomar los primeros síntomas de anticlericalismo. Buena parte de la violencia de los ejércitos carrancistas se dirige contra la Iglesia: sus hombres, sus encubiertas o abiertas propiedades, sus símbolos.

La República entera sirve de escenario a una extraña representación. En contraste con la devoción guadalupana de los zapatistas, que ostentaban imágenes, escapularios, estandartes con la imagen de la Virgen; a diferencia, también, de los villistas, que guardaban cierta circunspección frente a la vida religiosa, los carrancistas despliegan actos de premeditado y gozoso sacrilegio: beben en cálices,

119. El canónigo Paredes: me corre Álvaro Obregón.
120. Compañía Minera Asarco de Aguascalientes.
121. Visita a una iglesia. ▶

119

120

Archivo Fotográfico
Centro de Estudios de Historia de Mé
Condumex.

desfilan con ornamentos, hacen hogueras con confesionarios, fusilan imágenes, ejecutan santos, convierten las iglesias en cuarteles. En Monterrey se saqueó el obispado y se destruyó la biblioteca de monseñor Plancarte. En el Estado de México se prohibieron los sermones, ayunos, bautizos, misas, confesiones y hasta besos en la mano de los curas. José Clemente Orozco presenció estas escenas y así las describió:

> Al llegar a Orizaba, lo primero que se hizo fue asaltar y saquear los templos de la población. El de Los Dolores fue vaciado e instalamos en la nave dos prensas planas, varios linotipos y los aparatos del taller de grabado. Se trataba de editar un periódico revolucionario que se llamó *La Vanguardia* y en la casa cural del templo fue instalada la redacción.
>
> El templo de El Carmen fue asaltado también y entregado a los obreros de La Mundial para que vivieran allí. Los santos, los confesionarios y los altares fueron hechos leña por las mujeres, para cocinar, y los ornamentos de los altares y de los sacerdotes nos los llevamos nosotros. Todos salimos decorados con rosarios, medallas y escapularios.

Es importante hacer notar que quienes azuzaban la piqueta anticlerical eran en cierta medida, los carrancistas del Norte, en especial los de Sonora. Obregón marcó la pauta. En una de sus ocupaciones de la capital impuso un préstamo de 500 mil a "Don Clero", se jactó de su enemistad con la clericalla, humilló y finalmente deportó a varios ministros, en su mayor parte extranjeros. Algunos gobernadores prohibieron colegios confesionales, otros abrieron escuelas en an-

122. Comerciantes azorados.

122

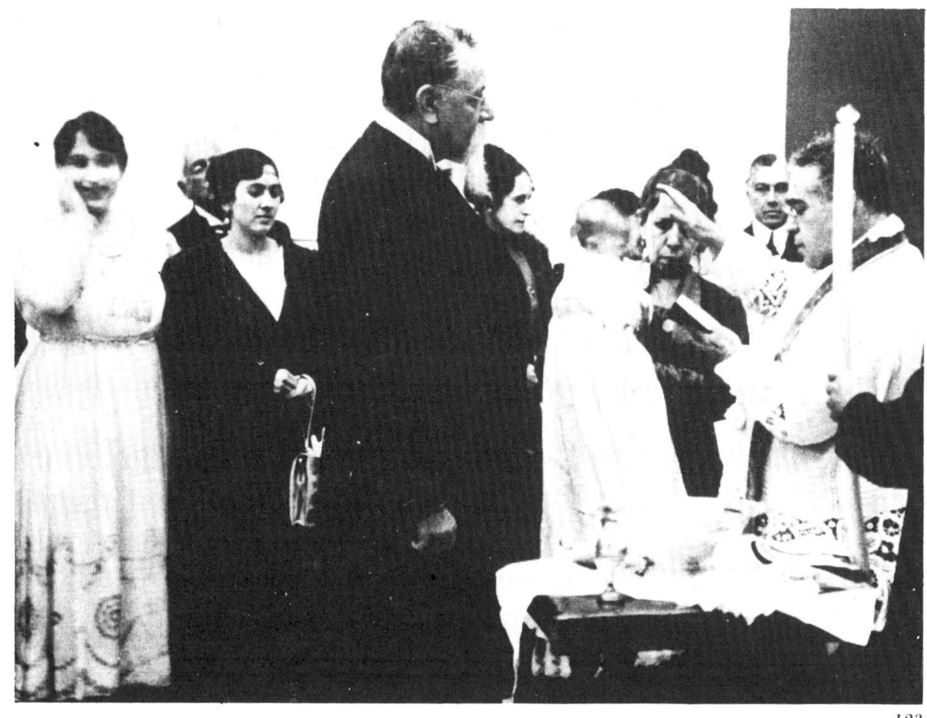

123

124

tiguos palacios episcopales, suprimieron cofradías, rebautizaron tiendas de nombres religiosos. En Sonora, el gobernador Plutarco Elías Calles llegó a los extremos: expulsó a todos los sacerdotes católicos, sin excepción.

Frente a los anticlericales, Carranza no se rasgaba las vestiduras, pero tampoco permaneció inmóvil. Sabía de la responsabilidad del clero político en buena parte de las desventuras mexicanas, pero él no era partidario de los extremos y los desbordamientos. El 22 de agosto de 1916 pone alto a la avalancha de confiscaciones de propiedades eclesiásticas, mediante un decreto que centraliza en la Secretaría de Hacienda el uso, la conservación y el mantenimiento de esas propiedades. En cuestiones religiosas, como en todas las demás, Carranza demostró otra vez su preferencia por los cambios paulatinos, concertados y legales. Reprobándola, alzaba los hombros ante la fiesta anticlerical, pero ponía límites al *negocio* anticlerical. Sin embargo, nada menos que Villa lo acusó de "haber destruido la libertad de conciencia..."

El volcán estaba lejos de haberse extinguido. Cuando los verdaderos anticlericales tomaron el poder en la década de los veintes, el país sufriría no una escenificación sino una guerra: la Cristiada.

Si en la cuestión religiosa Carranza hubiese querido conciliar y así continuar a don Porfirio, en la cuestión económica hubiese querido no sólo continuarlo sino rebasarlo. Entre 1915 y 1916 hizo varios intentos de reconstrucción que a la postre fueron infructuosos.

Su política bancaria, por ejemplo. En 1913, en su discurso de Hermosillo, había anunciado la futura creación de un banco único de emisión, "propugnándose, de ser preciso, por la desaparición de

123-124. No tan anticlerical.

toda institución bancaria que no sea controlada por el Gobierno". Entre octubre de 1915 y mayo de 1916 la Comisión Reguladora e Inspectora de Instituciones de Crédito revisa las concesiones en vistas de un ajuste gradual del sistema bancario a la ley vigente de 1897. De pronto, el desplome del último papel moneda carrancista —el infalsificable— dejó al Gobierno, según Cabrera, con una sola alternativa: la incautación bancaria.

La devaluación monetaria fue otro inmenso dolor de cabeza. Desde un principio Carranza había optado por financiar la revolución constitucionalista como lo habían hecho la Revolución francesa y la Guerra de Secesión: emitiendo papel. Más de 250 millones de pesos —entre ellos los llamados bilimbiques— se habían emitido ya entre julio de 1913 y junio de 1916. Se vivía un verdadero caos circulatorio, al grado de que era difícil decidir sobre la falsedad o veracidad de las emisiones. En junio de 1916 entran al mercado 500 millones de pesos en billetes "infalsificables". Pero todo es inútil. Entre junio y diciembre, la paridad frente al dólar se desploma de 9.70 a 0.46. Después de sesenta años de acostumbrarse gradualmente a vivir en un régimen de billete bancario, México volvía al metalismo.

En aquellas circunstancias, la reconstrucción económica era im-

125. Devaluación monetaria.

125

126

posible: Carranza no cejó en enviar comisiones de estudio al extranjero —en desarrollo agrícola, por ejemplo—, pero se vivía aún la guerra con sus tribulaciones y exigencias. Todo el desigual edificio del progreso porfiriano se había venido abajo: se segaron los cultivos, se destruyeron instalaciones ferroviarias, se exportaron reses para comprar municiones, se cerraron minas e industrias, quebraron bancos, volaron o se escondieron capitales. En la ciudad de México faltaron agua, carbón, alimentos. Cundieron el tifo y otras plagas, no sólo biológicas, sino también morales: el tráfico con el hambre, la falsificación de moneda, la exacción, la amenaza, el robo. Sin paz, sin crédito, sin reservas, el país tendría que esperar algunos años para reanudar su crecimiento económico. Pero ahora sabía la condición: crecer con justicia, crecer con igualdad.

Tampoco en el rubro de la educación pudo avanzar mucho el carrancismo preconstitucional, pero no por falta de interés sino por su peculiar concepción del problema. José Vasconcelos, el efímero ministro de Educación del gobierno convencionista, había anunciado la federalización de la tarea educacional. Su homólogo carrancista, Fé-

126. Hambre.

127

lix F. Palavicini, propuso, de acuerdo con Venustiano Carranza, un sistema opuesto: la descentralización educacional; la enseñanza —escribió— sólo corresponde al municipio. En febrero de 1916 Carranza le da el espaldarazo: decreta la autonomía de los ayuntamientos en materia de enseñanza.

Se trataba, en el fondo, de un conflicto entre dos ideas sobre la educación. Ésta, para Palavicini y Carranza, era más bien enseñanza, instrucción. Su modelo son las escuelas norteamericanas inspiradas en el protestantismo. El gobierno carrancista envió más de cien profesores a los Estados Unidos para estudiar sistemas pedagógicos y visitar escuelas industriales y granjas modelo. En marzo de 1915 se organizó un congreso pedagógico en Veracruz. En él se concluyó que la secundaria fuese mixta de cuatro años y la preparatoria, exclusiva para varones; también se recomendó establecer escuelas de enseñanza agrícola, mercantil e industrial, "a fin de evitar el auge del proletariado en las carreras literarias". El ideal carrancista era crear "Robinsones".

Vasconcelos, en cambio, buscaba precisamente promover "el auge del proletariado en las carreras literarias". Su proyecto, inspi-

127. Palavicini propuso.

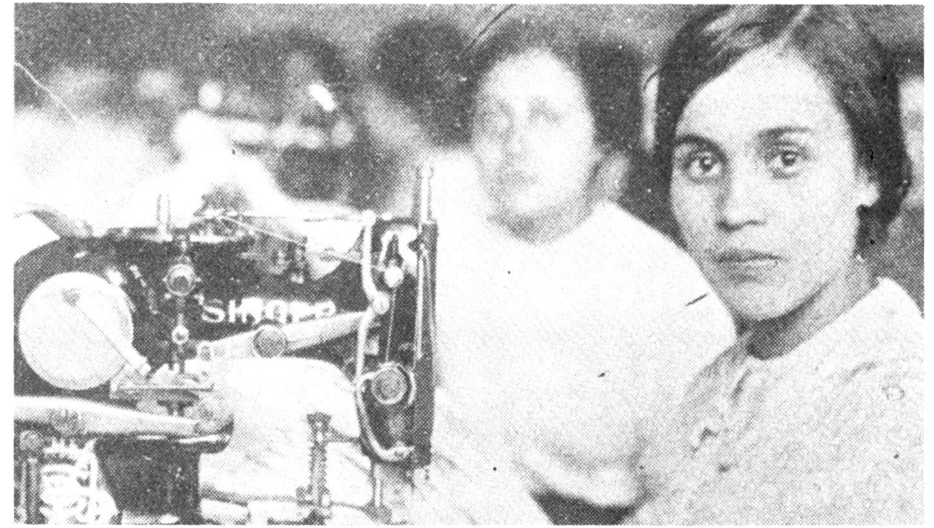

128

129

rado en los misioneros católicos del siglo XVI, concebía la labor de educar como un apostolado de cultura universal. El ideal vasconcelista era más religioso: crear "Odiseos".

Las "adiciones" al Plan de Guadalupe preveían la independencia del municipio y la libertad del Poder Judicial. Carranza avanzó más en lo primero: en la Navidad de 1914 decretó la reforma municipal, en septiembre de 1916 suprimió a los jefes políticos y estableció el municipio autónomo. En ese mismo mes —siempre pródigo en estallidos mexicanos— Carranza da el campanazo político de la década y de muchas décadas: convoca, como lo había anunciado en Hermosillo, a un nuevo congreso constituyente. ¿Por qué lo hace? En esencia, para modificar la configuración política de la Constitución de 1857:

128. Enseñanza industrial.
129. La enseñanza debía corresponder al municipio.

130

130. Estableció el municipio autónomo.

> A pesar de la bondad indiscutible de los principios en que descansa (...) (la Constitución) continuará siendo inadecuada para la satisfacción de las necesidades públicas y muy propicia para volver a entronizar otra tiranía igual o parecida a las que con demasiada frecuencia ha tenido el país, con la completa absorción de todos los poderes por parte del Ejecutivo; o que los otros, con especialidad el Legislativo, se conviertan en una rémora constante para la marcha regular y ordenada de la administración.

Incorporar las reformas sociales a la Constitución era algo que no pasaba por su mente: podían ser expedidas y puestas en práctica inmediatamente, como lo fueron "las leyes de Reforma, las que no vinieron a ser aprobadas e incorporadas a la Constitución sino después de varios años de estar en plena observancia". El objetivo de Carranza se reducía a una palabra: legitimidad:

131

131. Su proyecto mayor: una nueva Constitución.

> El único medio de alcanzar los fines indicados es un congreso constituyente por cuyo conducto la Nación entera exprese de manera indubitable su soberana voluntad, pues de este modo, a la vez que se discutirán y resolverán en la forma y vía más adecuadas todas las cuestiones que hace tiempo están reclamando solución que satisfaga ampliamente las necesidades públicas, se obtendrá que el régimen legal se implante sobre bases sólidas en tiempo relativamente breve, y en términos de tal manera legítimos que nadie se atreverá a impugnarlos.

Carranza recordaba la continuidad de las anteriores constituciones de 1824 y 1857 y preveía ese mismo espíritu en la futura Constitución:

> Se respetará escrupulosamente el espíritu liberal de dicha Constitución, a la que sólo se quiere purgar de los defectos que tiene ya por la contradicción u obscuridad de algunos de sus preceptos, ya por los huecos que hay en ella o por las reformas que con el deliberado propósito de desnaturalizar su espíritu original y democrático se le hicieron durante las dictaduras pasadas.

Del congreso constituyente que Carranza imaginaba debería salir un Estado fuerte, legítimo, equilibrado; un Ejecutivo mucho más poderoso y expedito que el de la Carta de 1857, pero sin posibilidad, a su juicio, de incurrir en la tentación dictatorial; un Poder Legislativo menos prepotente que el de la Constitución liberal; un Poder Judicial cuya independencia se garantizaría con la inamovilidad de los jueces. En el otro extremo de la vida pública, don Venustiano Carranza soñaba con establecer, de una vez y para siempre, el municipio libre.

De todas las cajas de Pandora que don Venustiano abrió, fue ésta la más personal, la más cercana a su sensibilidad histórica, la que reservó las mayores sorpresas. Carranza confiaba en que la nueva Constitución avalaría *su* concepto de autoridad y respetaría *su* tiempo psicológico. Acertó en lo primero, se equivocó en lo segundo. Creyó que las discusiones se centrarían en "purgar los defectos" políticos de la Constitución de 1857, sin pretender incorporar a la futura Carta las nuevas reformas que deberían seguir, como las de Juárez, su curso histórico, su proceso de maduración. Los diputados, en efecto, aprobarían las reformas de Carranza a la estructura de los poderes públicos pero, para su sorpresa, acelerarían el *tempo* histórico introduciendo las nuevas reformas sociales en el texto constitucional.

Carranza pensó que en Querétaro se escenificaría el capítulo final de la época de Reforma, pero se equivocó. Fue, en cierta forma, el capítulo inicial de la revolución social.

ESCUCHAD LA VOZ DEL PUEBLO
SEGAD CABEZAS DE TRAIDORES
Y SALVARAS EL HONOR NACIONAL.
25-6-14.
GARCIA FOT. N° 38.

132

La nueva Constitución

EN OCTUBRE DE 1915, a raíz de su triunfo, Venustiano Carranza había iniciado un largo, anacrónico, pausado y no muy útil viaje triunfal por casi todos los rincones de la República. A principios de 1916 llegó a la ciudad de Querétaro, donde instaló la capital provisional de su gobierno. El 2 de enero de ese mismo año pronunció un discurso revelador. Venustiano Carranza solamente conocía una brújula: la brújula de la historia:

Al partir de Veracruz tenía yo fija la mirada en Querétaro, adonde acabamos de llegar. La tenía también durante la campaña, cuando inició su avance al norte el general Obregón, como el punto en donde tuviera que decidirse la suerte de nuestra lucha. La profecía se realizó: los campos de Celaya se cubrieron de sangre y de gloria, el Ejército Constitucionalista, desde ese día, quedó seguro del triunfo sobre la reacción.

Por esto ha sido un motivo de satisfacción para mí haber venido a fijar aquí la residencia accidental del Gobierno, para continuar la obra que hemos emprendido; y al haberme fijado en Que-

132. Flanqueado por Juárez y Madero.
133. El paso de la ley.

133

rétaro, es porque en esta ciudad histórica, en donde casi se iniciara la Independencia, tomando parte activa un matrimonio feliz, el del Corregidor y la Corregidora, fue más tarde donde viniera a albergarse el Gobierno de la República para llevar a efecto los tratados, que si nos quitaban una parte del territorio, salvarían cuando menos la dignidad de la Nación; y fue también donde cuatro lustros después se desarrollaran los últimos acontecimientos de un efímero Imperio, al decidirse la suerte de la República triunfante después de una larga lucha. Por eso es para nosotros muy grata la llegada a esta ciudad, viniendo a inspirar todos nuestros actos, todos nuestros deseos y todos nuestros esfuerzos para el mejoramiento de la República, en los recuerdos de los acontecimientos históricos que aquí tuvieron lugar.

134

No podía ser más clara su actitud, su psicología histórica. Llegaba a Querétaro, la ciudad decisiva del siglo XIX, para anunciar que allí se escribiría la *última* palabra —la palabra correctiva— de aquel tormentoso siglo:

> En Querétaro, indudablemente que continuaremos y concluiremos lo empezado en Veracruz. Aquí, señores, se expedirán probablemente las últimas leyes, se darán los últimos decretos y tal vez hasta la última Constitución que México necesita para que pueda encauzarse, para que pueda mantener su independencia.

Meses después, en abril de 1916, Carranza establecía definitivamente su gobierno en la ciudad de México. Durante año y medio de "preconstitucionalidad" había logrado un triunfo casi completo so-

135

bre sus opositores militares, pero en la múltiple batalla de la nueva Reforma su destino, como se vio, era incierto. ¿Lo comprendía? Sí y no. Es indudable que Carranza *reconocía* la existencia de un problema social y nacional. En las cuestiones agraria y obrera, y en la defensa de los recursos naturales, buscó deliberada, conscientemente, *encauzar* —palabra clave, recuérdese— la Revolución mediante leyes y decretos. En los tres casos logró su propósito, pero no de la manera ordenada que hubiese querido, sino abriendo el cauce turbulento a nuevos procesos históricos de larga duración. No podía ser de otra manera. Nunca antes un gobierno mexicano había perseguido como objetivos prioritarios el bienestar social y la reivindicación de los recursos nacionales. Apenas algunos diputados liberales —como Ponciano Arriaga— habían tenido ojos para la pobreza. Y aunque don Porfirio había defendido celosamente la integridad nacional, el nacionalismo económico representó una nota tardía en su gobierno.

Los nuevos procesos históricos *rebasaron* a Carranza sin que pudiese entender cabalmente por qué: confiscaciones agrarias, huelgas obreras, rebeldía de compañías extranjeras, erupción del volcán antirreligioso, caos económico, etcétera. Para cerrar la caja de Pandora, para apaciguar los espíritus que él mismo había contribuido a convocar, Carranza tenía una sola fórmula, en principio: fortalecer orgánica y legalmente los poderes públicos para que de ellos emanasen los cambios. Era natural que lo intentase así. En 1917 tenía 58 años. Pertenecía a una generación que confiaba en la ley y el orden. Ante sus ojos, de pronto, la realidad se desbordaba en exigencias que no necesariamente compartía. Su mérito histórico, en este caso, fue reconocerlas y darles cauce *desde* la autoridad.

137

136

134-136. Querétaro histórico.
137. Reconocer y encauzar.

138

138. Llegó a la sede del Constituyente.

El 18 de noviembre de 1916, "con gran sentido del drama y de la historia —escribe Cumberland—, Carranza salió del Palacio Nacional de la ciudad de México a las 8 a.m. en una cabalgata de cincuenta hombres para hacer a caballo la larga jornada a Querétaro. Siguiendo la senda utilizada por Maximiliano en su retirada de la ciudad de México hacia Querétaro antes de su captura final y su ejecución en 1867, el Primer Jefe llegó a la sede del Constituyente poco antes del mediodía del 24 de noviembre (...) Estando todo dispuesto, la tarde del 1o. de diciembre Carranza apareció en la sala de las sesiones, debidamente escoltado". Un auditorio joven en el que había obreros, profesionistas, pequeños comerciantes, periodistas, maestros, escuchó su discurso con respeto pero sin sumisión. Carranza les hablaba desde otro siglo. Ellos eran impacientes y románticos, y sólo confiaban en la ley como palanca inmediata del cambio revolucionario. No representaban a la Reforma. Representaban a la Revolución.

En varios casos la pauta fue la misma. Los diputados cercanos a Carranza, pertenecientes al llamado bloque renovador, presentaban un proyecto que modificaba levemente la Constitución de 1857. El sector opuesto lo reprobaba y proponía otro más radical. Así ocurrió con el artículo 27. En el proyecto carrancista se argumentaba que el texto original de la Constitución del 57 bastaba para el propósito de adquirir tierras y repartirlas, fundando así la pequeña propiedad. De ese modo reducía el problema a un proceso administrativo. Y aunque sus disposiciones no se contradecían, la Ley del 6 de Enero tampoco se incorporaba a la nueva Carta.

De inmediato, Pastor Rouaix formó una comisión voluntaria o "núcleo fundador" para estudiar y modificar el proyecto. En ella colaboró Andrés Molina Enríquez. La filosofía social de *Los grandes problemas nacionales* guió el espíritu de la nueva ley hacia rumbos muy distintos de los que proponía Carranza. La solución no estaba —sostenía el antiguo juez— en respetar con leves retoques la Constitución liberal, sino en volver al espíritu de la legislación colonial:

> La Nación, como antiguamente el rey, tiene derecho pleno sobre tierras y aguas; sólo reconoce u otorga a particulares el dominio directo y en las mismas condiciones que en la época colonial. El derecho de propiedad así concluido le permite a la Nación retener bajo su dominio todo lo necesario para su desarrollo social, así como regular el estado total de la propiedad, y al gobierno resolver el problema agrario.

139. Comisión del artículo 27 constitucional: Francisco J. Múgica, Pastor Rouaix, Heriberto Jara, Andrés Molina Enríquez.

139

140

140-141. La tierra: gran problema nacional.

A partir de la Independencia se adoptó una legislación civil incompleta que sólo se refería a la propiedad plena y perfecta como en algunos países europeos, dejando sin amparo ni protección a los indígenas. El mal se agravó con la Reforma y culminó durante el porfiriato, ignorando la existencia de las comunidades: condueñazgos, rancherías, pueblos, congregaciones, etc., que estuvieron regidas por las leyes coloniales, y en consecuencia, esta legislación se debía anudar con la futura.

En su párrafo primero, el nuevo artículo 27 daba a la Nación, como la Colonia al rey, la propiedad de las tierras y aguas: "La Nación ha tenido y tiene el derecho de transmitir el dominio de ellas a los particulares, constituyendo la propiedad privada." Otros puntos, no menos revolucionarios, eran los siguientes:

- Las expropiaciones sólo pueden hacerse por causa de utilidad pública y mediante indemnización.
- La Nación impondría a la propiedad privada las modalidades que dicte el interés público.
- Los pueblos, rancherías o comunidades que carezcan de tierras y aguas, o no las tengan en cantidad suficiente para las necesidades de su población, tendrán derecho a que se les dote

de ellas, tomándolas de las propiedades inmediatas y respetando siempre la pequeña propiedad.

— Los condueñazgos, rancherías, pueblos, congregaciones, tribus y demás corporaciones de población que de hecho o por derecho guarden el estado comunal, tendrán capacidad para disfrutar en común de las tierras, bosques y aguas que les pertenezcan o que se les hayan restituido o restituyeren conforme a la Ley de 6 de Enero de 1915.

El nuevo artículo 27 —escribe Cumberland— "ponía las bases para los más fundamentales cambios económicos y sociales y preparaba el camino para las decisiones gubernamentales que engendrarían duras luchas dentro y fuera de México. Era agraviar todo un modo de vida en México y los conceptos internacionales aceptados en materia tanto de propiedad en general, como de derechos extranjeros. No sólo era el más largo de todos los artículos constitucionales; también era el más nacionalista y el más belicoso".

Legalmente, a partir de ese momento la era de los latifundios y las haciendas llegaba a su fin. No la había concluido el siglo XX, sino un siglo XX sensible al pasado colonial.

141

142

Un proceso similar llevó a la redacción del artículo 123. El 1o. de diciembre de 1916 el Primer Jefe se había referido al problema obrero con un sentido —de nuevo— más liberal que revolucionario:

> Se implantarán todas las instituciones del progreso social en favor de (...) todos los trabajadores (...) (se limitará el) número de horas de trabajo, de manera que el operario no agote sus energías y sí tenga tiempo para el descanso y el solaz, y para (...) que pueda frecuentar el trato de sus vecinos, el que engendra simpatías y determina hábitos de cooperación para el logro de la obra común. (Se establecerán) las responsabilidades de los empresarios para los casos de accidentes (...) seguros (...) de enfermedad y de vejez. (Se fijará un) salario mínimo bastante para subvenir las necesidades primordiales del individuo y de la familia y para asegurar y mejorar su situación (...) Con todas estas reformas (...) espera fundadamente el Gobierno de mi cargo que las instituciones políticas del país responderán satisfactoriamente a las necesidades sociales, y que esto, unido a las garantías(...) de la libertad individual, será un hecho efectivo y no meras promesas irrealizables...

142. Interior de una hacienda.

Con todo, explica Berta Ulloa, "el artículo 5o. del proyecto de Carranza era muy similar al de la Constitución de 1857 reformado el 10 de junio de 1898". Sólo incluía leves cambios, relativos más bien a los derechos individuales de los trabajadores que a su carácter de clase social. No hablaba, por ejemplo, del derecho de huelga.

Los jóvenes revolucionarios no tardan en reaccionar. Froylán Manjarrez propone incluir las disposiciones sobre el trabajo en un nuevo artículo. Francisco J. Múgica pide a la asamblea "darle al pueblo obrero la única, la verdadera solución al problema". Una comisión en la que participa Rouaix se reúne en la antigua Capilla del Obispado para "conseguir que los principios del cristianismo (...) tantas veces ensalzado aquí, tuvieran su realización en la práctica".

De aquellos debates nació el artículo 123 constitucional. El texto traía ecos evidentes del proyecto de José Natividad Macías y ecos secretos, acaso inconscientemente, del catolicismo social que propugnaba el papa León XIII en su encíclica *Rerum Novarum*. Entre sus puntos sobresalientes estaban la jornada de ocho horas, la prohibición del trabajo infantil, la reglamentación del trabajo de jóvenes y mujeres, el descanso obligatorio, el salario remunerador y en efectivo, la participación de utilidades, el establecimiento de juntas de conciliación, la indemnización en el despido, etcétera.

143. Comisión del artículo 123 de la Constitución.

144

145

Entre los constituyentes se encontraba un sobreviviente de la huelga de Cananea: Esteban Baca Calderón. Al levantar su brazo, debió pensar que el sacrificio no había sido en vano.

La faceta más delicada del artículo 27, la más preñada de futuros conflictos, fue la relativa a los recursos del subsuelo. En su intervención inicial Carranza había tocado el tema pero sin proponer medidas cuyo radicalismo sobrepasase la cláusula Calvo:

> Se os consulta la necesidad de que todo extranjero, al adquirir bienes raíces en el país, renuncie expresamente a su nacionalidad con relación a dichos bienes, sometiéndose en cuanto a ellos, de una manera completa y absoluta, a las leyes mexicanas, cosa que no sería fácil conseguir respecto a las sociedades.

En la exposición de motivos redactada por Andrés Molina Enríquez se iba adelante... partiendo de atrás:

> — Nuestra proposición (...) anuda nuestra legislación futura con la colonial; (...) por virtud de existir (...) el derecho de propie-

146

dad absoluta del rey (...) ese derecho ha pasado con el mismo carácter a la Nación. En tal concepto, la Nación viene a tener el derecho pleno sobre las tierras y aguas (...) y sólo reconoce u otorga a los particulares el dominio directo, en las mismas condiciones en que se tuvo (...) en la época colonial (...) y que la República después lo ha reconocido u otorgado. El derecho de propiedad así concebido... permite a la nación retener bajo su dominio todo cuanto sea necesario para el desarrollo social, como las minas, el petróleo, etc., no concediendo a los particulares, más que los aprovechamientos que autoricen las leyes respectivas.

La iniciativa, elaborada por una comisión en la que también interviene Pastor Rouaix, se aprobó casi intacta. Entre sus puntos fundamentales, además de lo que Frank Tannenbaum llamó nueva "teoría de la propiedad" —la Nación sustituye al rey— destacaban:

- La Nación se reserva el dominio directo de todos los minerales o sustancias del subsuelo incluyendo el petróleo.
- Sólo los mexicanos por nacimiento o por naturalización y las sociedades mexicanas tienen derecho para adquirir el dominio de las tierras, aguas y sus accesiones (en la República Mexicana) o para obtener concesiones de explotación de minas, aguas o combustibles minerales en la República Mexicana. El Estado podrá conceder el mismo derecho a los extranjeros siempre que convengan ante la Secretaría de Relaciones en considerarse como nacionales respecto de dichos bienes y en no invocar,

147

144. Carranza con la diputación tapatía. A su izquierda, Esteban Baca Calderón.
145. Esteban Baca Calderón.
146. La nación: propietaria del suelo y del subsuelo.
147. José Natividad Macías, jurista.

148

por lo mismo, la protección de sus gobiernos por lo que se refiere a aquéllos; bajo pena, en caso de faltar al convenio, de perder en beneficio de la Nación los bienes que hubieren adquirido en virtud del mismo.

— Las sociedades civiles o comerciales de títulos al portador, no podrán adquirir, poseer o administrar fincas rústicas.

— En una faja de cien metros a lo largo de las fronteras y de cincuenta en las playas, por ningún motivo podrán los extranjeros adquirir el dominio directo sobre tierras y aguas.

148. Mineros.
149. Andrés Molina Enríquez: el ideólogo.
150. Emisarios del pasado.

Dentro del esquema liberal, respetuoso de la propiedad individual como un fin en sí mismo, la postura negociadora del Gobierno mexicano había sido endeble. Siempre cabía, contra sus actos, el argumento de retroactividad. Con la nueva redacción del artículo 27 —anterior y posterior al esquema liberal— los jóvenes radicales afianzaban la posición del país frente a las compañías extranjeras: no cabía hablar de retroactividad porque la Nación *había sido siempre* la propietaria del suelo y el subsuelo. En punto a nacionalismo, los jóvenes habían resultado más carrancistas que Carranza. La razón era sencilla: los inspiraba otro patriarca de barbas venerables, cuya sabiduría histórica y concepto de Nación eran más amplios. No partía del siglo XIX ni se detenía en él, sino que anudaba el presente a la época colonial: Andrés Molina Enríquez.

149

"El clero es el más funesto, el más perverso enemigo de la patria", exclamó Francisco J. Múgica —expulsado alguna vez del Seminario de Zamora— en una sesión en que se discutía el más explosivo de los problemas de la patria: la relación entre la Iglesia y el Estado. Para estos nuevos y más iracundos jacobinos, la Iglesia era una cueva de ladrones, forajidos, estafadores..., Hidra que devoraba al mexicano —y sobre todo a *la* mexicana— por la vía auricular: el confesionario.

150

151

152

Recordando el pequeño dato de que todos los mexicanos —con poquísimas excepciones— eran católicos, los liberales cercanos a Carranza aconsejan prudencia y realismo. Alfonso Cravioto —que de joven proclamó, como *el Nigromante*, la inexistencia de Dios— había cambiado un poco de opinión: "el clericalismo, he aquí al enemigo. Pero el jacobinismo, he aquí también otro enemigo". El propio Carranza pronunció palabras tolerantes:

> Las costumbres de los pueblos no se cambian de la noche a la mañana; para que un pueblo deje de ser católico, no basta que triunfe la Revolución; el pueblo mexicano seguirá tan ignorante, supersticioso y apegado a sus antiguas costumbres si no se le educa.

De nueva cuenta, en los artículos concernientes a la religión, 3o. y 130, los carrancistas saldrían derrotados. La Constitución de 1917 rebasa el espíritu anticlerical de la Carta de 1857 en varios sentidos:

151-154. Las costumbres de los pueblos no se cambian de la noche a la manaña.

153

154

—Desconoce toda personalidad a la Iglesia.
—Niega a los sacerdotes derechos comunes y políticos y los sujeta a registro público.
—Prescribe la enseñanza laica. Las escuelas primarias particulares quedan sujetas a la vigilancia oficial, no pueden ser dirigidas por corporaciones religiosas o por sacerdotes.
—Prohíbe el culto público fuera de los templos.
—Todos los templos pasan al dominio de la Nación.

En este caso, igual que en el artículo 27, la crítica a la Constitución liberal partía hasta cierto punto de esquemas y raíces coloniales. "La Iglesia se encontró de hecho —explica Berta Ulloa— en la situación que había tenido antes de la Independencia, ya que el Estado logró recobrar en provecho propio el Real Patronato que ejercían los reyes de España, no dejando libre a la Iglesia más que el dominio de la doctrina y la devoción privada. Este nuevo Patronato iba a ser aplicado por un Estado que no era cristiano, sino agresivamente antirreligioso, y cuyas decisiones eran sin apelación, ya que no tenía relación alguna con Roma."

Lejos de cerrarse o de esparcir sus sorpresas de manera concertada, aquella caja de Pandora abierta por don Venustiano con sus "adiciones al Plan de Guadalupe" había deparado, como gran sorpresa, la redacción de cuatro artículos en verdad revolucionarios: 3o., 27, 123 y 130. Las nuevas Leyes de Reforma se habían incorporado, acre-

155. Receso en el Constituyente.
156. Jura de la Constitución.
157. Para la historia.

155

156

centadas, a la nueva Carta, haciendo de ésta un cuerpo legal y doctrinal muy distinto, y aun opuesto, a la Constitución de 1857. Los diputados carrancistas, por su parte, introducirían su propia corrección política a la Carta liberal, las reformas anunciadas por el Primer Jefe a la estructura de los poderes públicos:

—Fortalecimiento del Poder Ejecutivo.
—Límites al Poder Legislativo.
—Inamovilidad de los Magistrados del Poder Judicial para asegurar su independencia.
—Supresión de la vicepresidencia.
—Autonomía municipal.

El grupo carrancista introdujo también la disposición para el establecimiento de un banco de emisión único. El espíritu liberal, celoso ante todo de los derechos humanos e individuales frente al poder, se conservó respetando varios artículos de la Constitución de 1857 e incorporando el lema maderista que había iniciado el movimiento revolucionario: "Sufragio efectivo, no reelección."

El 5 de febrero de 1917, después de dos meses de apasionado debate, se proclamó la Constitución. No era, como había esperado Carranza, la *última* palabra de la etapa liberal, sino la *primera* de la época revolucionaria.

157

El nuevo Estado

CUÁL FUE el enlace profundo entre la lucha y las leyes, el vínculo entre Revolución y Constitución? Como todos los hechos humanos, la Revolución tiene una anatomía compleja. Desde el punto de vista del pueblo que luchó, triunfó y murió, la Revolución fue un crisol misterioso de actitudes y sentimientos: reivindicación económica y social, aspiración, justicia, venganza, búsqueda, afirmación, relajo, descubrimiento, coraje, azoro, tragedia, luz. No sólo los catrines, muchas gentes humildes la vivieron como un descenso a los infiernos. Quizá nadie expresó mejor que José Clemente Orozco, en sus murales y en su *Autobiografía*, el aspecto dantesco de la Revolución mexicana:

158. Hombrearse con la muerte.
159. Descenso a los infiernos.

159

160

161

160-161. Lo dantesco.

(...) la tragedia desgarraba todo a nuestro alrededor. Tropas iban por las vías férreas al matadero. Los trenes eran volados (...) Se acostumbraba la gente a la matanza, al egoísmo más despiadado, al hartazgo de los sentidos, a la animalidad pura y sin tapujos. Las poblaciones pequeñas eran asaltadas y se cometía toda clase de excesos. Los trenes que venían de los campos de batalla vaciaban en la estación de Orizaba su cargamento de heridos y de tropas cansadas, agotadas, hechas pedazos, sudorosas, deshilachadas.

En lo político, otra guerra sin cuartel, otra lucha por el poder y la riqueza. Subdivisión al infinito de las facciones, deseos incontenibles de venganza. Intrigas subterráneas entre los amigos de hoy, enemigos mañana, dispuestos a exterminarse mutuamente llegada la hora.

Sainete, drama y barbarie. Bufones y enanos siguiendo a señores de horca y cuchillo en conferencia con sonrientes celestinas. Comandantes insolentes enardecidos por el alcohol, exigiéndolo todo pistola en mano.

Tiroteos en calles oscuras, por la noche, seguidos de alaridos, de blasfemias y de insultos imperdonables. Quebrazón de vidrieras, golpes secos, ayes de dolor, más balazos.

Un desfile de camillas con heridos envueltos en trapos sanguinolentos y de pronto el repicar salvaje de campanas y tronar de balazos. Tambores y cornetas tocando una diana ahogada por el griterío de la multitud dando vivas a Obregón. ¡Muera Villa! ¡Viva Carranza! *La Cucaracha* coreada a balazos. Se celebraban escandalosamente los triunfos de Trinidad y de Celaya, mientras los desgraciados peones zapatistas caídos prisioneros eran abatidos por el pelotón carrancista en el atrio de la parroquia.

Para otros, en cambio, la Revolución tuvo el carácter profundo de una vuelta religiosa al origen. Octavio Paz lo expresó en otro párrafo memorable:

> Por la Revolución el pueblo mexicano se adentra en sí mismo, en su pasado y en su sustancia, para extraer de su intimidad, de su entraña, su filiación (...) es una súbita inmersión de México en su propio ser (...) Vuelta a la tradición, reanudación de los lazos

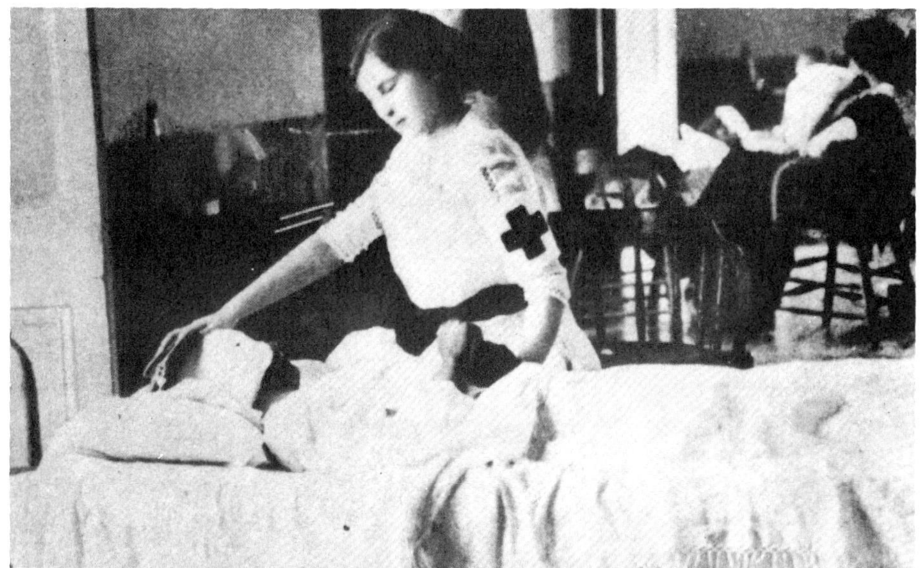

162

163

162-163. Lo luminoso.
164. Carretero de la muerte. ▶

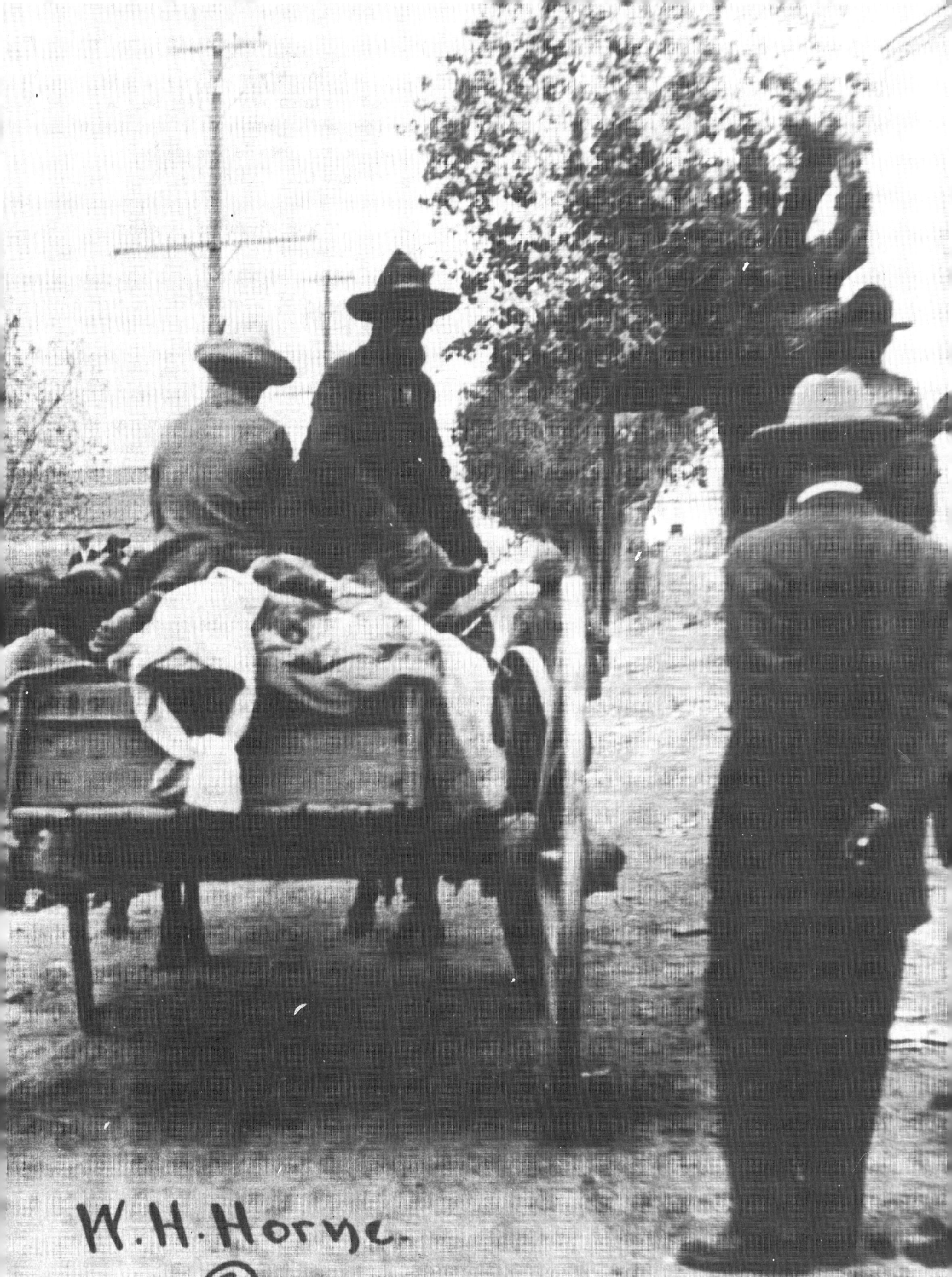
W. H. Horne.
©

165

166

165-166. Dolor.
167. Sin voz en la ciudad de Querétaro: los anarquistas...
168-170. ...y los intelectuales idealistas.

con el pasado, rotos por la Reforma y la Dictadura, la Revolución es una búsqueda de nosotros mismos y un regreso a la madre. Y por eso también es una fiesta (...) un llegar a extremos, un estallido de alegría y desamparo, un gesto de orfandad y júbilo, de suicidio y de vida, todo mezclado (...) La Revolución apenas si tiene ideas. Es un estallido de la realidad: una revuelta y una comunión, un trasegar viejas sustancias dormidas, un salir al aire muchas ferocidades, muchas ternuras y muchas finuras ocultas por el miedo a ser. ¿Y con quién comulga México en esta sangrienta fiesta? Consigo mismo, con su propio ser. México se atreve a ser. La explosión revolucionaria es una portentosa fiesta en la que el mexicano, borracho de sí mismo, conoce al fin, en abrazo mortal, al otro mexicano.

Aquella fiesta de redención y dolor, aquel "hombrearse con la muerte", aquel multicolor desfile, enjambre, teatro; aquel interminable fuego de artificio y fusilería, fue un acto inmenso y trágico de expresión popular, pero también una lectura de ese acto por las clases medias. De la lectura pasaron a una interpretación, a una teoría. Por oportunismo político, a veces por convicción, ciertos hombres de clase media buscaron ajustar la lucha a un esquema racional. No podían conceder gratuidad a la destrucción y la muerte. Debía haber una finalidad en los hechos. Muchos terminaron por admitir que Zapata tenía razón y razones. Había que recoger sus banderas junto con otras distintas y más amplias.

Las nuevas Leyes de Reforma de Carranza —sus decretos de 1915 y 1916— y la nueva Constitución de 1917 representan la transmutación de la guerra civil en filosofía social. Sin esa lectura racional de los acontecimientos, la Revolución hubiese sido más bien una revuelta. Frank Tannenbaum —estudioso y amigo de México— lo expresó con claridad:

> La Constitución de 1917 proveyó a la Revolución con un programa que podía ponerse en juego para justificar la política oficial y su realización en detalle. *Desde ese punto de vista, la Revolución es el producto del Congreso Constituyente.* La revolución social que desde entonces ha venido desarrollándose recibió por adelantado la sanción de la ley.

En 1917 *no había una sino varias lecturas* de la realidad. Quienes las representaban *no* tuvieron, en muchos casos, cabida directa en el Congreso Constituyente: los liberales que hubiesen querido no tocar la Carta del 57, los intelectuales idealistas que pugnaban por un nacionalismo cultural y una educación apostólica, los futuros técnicos de la reconstrucción económica, los anarquistas disidentes de la Casa del Obrero Mundial que rodeaban a Zapata o habían naufraga-

167

168

169

170

do con la Convención, los católicos, los porfiristas y los huertistas. Pero entre las lecturas de la realidad que *sí* tuvieron cabida sobresalieron dos: la radical y la carrancista.

Radical es la palabra perfecta para designar a los artífices de los artículos 3o., 27, 123, 130. Radical viene de *raíz:* aquellos constituyentes eran radicales en doble sentido: querían *partir desde la raíz* de los problemas y *arrancar su raíz,* si era necesario.

A los mejores de ellos los impulsaba un profundo humanitarismo, el deseo de "anteponer la condición y el mejoramiento de los más al de los menos, y la creencia de que no se conseguiría ese fin sin la iniciativa y el sostén activo de la Revolución hecha ya gobierno". Desconfiaban de las leyes liberales porque, a su juicio, habían servido casi siempre para disimular privilegios y opresión. De allí las palabras de Múgica en los debates del artículo 27 de la Constitución.

> ¿Vamos a dejar eso de esa manera nada más porque la ley lo permite? Entonces ¡maldita Revolución, mil veces maldita, si fuésemos a consentir en esa injusticia! (...) si para que haya justicia estorba la ley, ¡abajo la ley!

En el fondo de aquella violencia justiciera había un elemento de piedad:

> Debemos justificar esta gran Revolución, debemos justificar el derramamiento de tanta sangre hermana, debemos demostrar que las promesas no fueron vanas. *(Juan de Dios Bohórquez.)*

Y con la piedad, el deseo de proteger a los débiles en el futuro incierto:

171

172

171. Justificar el derramamiento de tanta sangre.
172. Francisco J. Múgica.

¿Quién puede asegurarnos que en el próximo Congreso no entrarán en juego todas las malignas influencias? ¿Quién puede asegurarnos que en el próximo Congreso va a haber revolucionarios suficientemente fuertes para combatir esta tendencia, que no responderán al canto de la sirena sino que, con la mano en el pecho, cumplirán con su deber? Nadie puede asegurarlo. *(Heriberto Jara.)*

173

173. Justificar esta gran Revolución.

Para hacer justicia, para justificar el derramamiento de tanta sangre, para asegurar que el siguiente Congreso no revirtiera los nuevos postulados, había que partir de la raíz. ¿Pero de cuál raíz? Entonces se oyó la voz de Andrés Molina Enríquez, eterno predicador de una vuelta al verdadero molde de la vida mexicana: la época colonial. A partir de ese origen, la Constitución de 1917 desplazó a la era liberal: una nueva teoría de la propiedad confería a la Nación el antiguo dominio del rey sobre suelos y subsuelos; y una nueva legislación otorgaba al Estado, frente a la religión católica, los poderes casi omnímodos del Real Patronato. Los latifundios, los privilegios extranjeros en materia de subsuelo, el clero y sus derivaciones económicas, políticas y educativas, eran los males que la nueva legislación arrancaba de raíz.

Para el artículo 123 no se partió de la raíz sino de los vientos de justicia social que soplaban desde hacía décadas en Occidente. Lo más notable fue que en febrero de 1917 no había ocurrido aún el primer gran cambio institucional e irreversible nacido de la ideología socialista: la Revolución rusa. Así, quizá sin advertirlo, los constituyentes radicales del 17 se habían adelantado en el asalto del siglo XX al bastión liberal del siglo XIX.

174

174. Ideólogo del nacionalismo y de la independencia.

Así como "radical" es la palabra perfecta para describir la actitud de muchos jóvenes constituyentes, "liberal" es un término insuficiente y, en cierta forma, equívoco para describir la ideología de los diputados carrancistas. Ningún concepto único expresa su actitud. Si los radicales atesoraban como valores supremos la justicia social y la igualdad material, los carrancistas buscaban fines distintos y no siempre compatibles con aquéllos: la plena independencia nacional, el fortalecimiento orgánico de los poderes públicos, la autonomía municipal y las libertades individuales.

El ideólogo principal del nacionalismo y la independencia fue el propio Carranza. Aquel emotivo discurso de 1916 en Querétaro, enraizado a su vez en la sensibilidad coahuilense, "sensibilidad de frontera", había sido casi una confesión:

> (...) las naciones débiles han tenido y tienen el derecho de ser respetadas. Tenemos que probar que (...) sabremos conservar nuestra independencia aun cuando nuestra Nación sea débil (...)

debemos demostrar que tenemos el poder suficiente para restablecer solos la paz en nuestra República (...) A conservar ante todo la integridad de la Nación y su independencia (...) aspira la Revolución actual (...)

La autonomía municipal es otro aporte de Carranza a la Constitución, aporte tan personal como su afirmación nacionalista o más. La vieja tradición de los municipios españoles sobrevivía aún en Coahuila. Él mismo y su familia la habían ejercido puntualmente en años menos turbulentos. Ningún otro presidente mexicano defendería el municipio como Carranza. *El Pueblo,* órgano oficial, era eco de sus creencias: "El ayuntamiento libre será el camino al municipio libre, y el municipio libre se convertirá en el almácigo de ciudadanos, de una gran patria libre, fuerte y culta."

El tercer aporte constitucional del grupo carrancista se inspiró en un distinguido intelectual porfiriano: Emilio Rabasa. En *La Constitución y la dictadura* (1912), Rabasa había dictaminado una relación causal entre el utopismo liberal de la Constitución de 1857 y la dictadura porfiriana. Para Rabasa, muchos de los males de México provenían de haber querido adoptar un código de democracia pura en un país sin cultura democrática. Carranza lo creía a pie juntillas: "Las costumbres de Gobierno —afirmaba Carranza— no se imponen de la noche a la mañana; para ser libre no basta quererlo, sino que es necesario también saberlo ser."

Para Carranza, los pueblos latinoamericanos necesitaban "todavía de gobiernos fuertes, capaces de contener dentro del orden a poblaciones indisciplinadas, dispuestas a cada instante y con el más fú-

175. Oculto tras sus anteojos, el ideólogo oculto de la Constitución: Emilio Rabasa.

175

176

til pretexto, a desmanes". No bastaba, a su juicio, que el Gobierno respetase la ley. Madero había probado hasta el martirio que no sólo de derecho vivía el hombre:

> Si, por una parte, el Gobierno debe ser respetuoso de la ley y de las instituciones, por la otra debe ser inexorable con los trastornadores del orden. El Poder Legislativo, que por naturaleza propia de sus funciones, tiende siempre a intervenir en las de los otros, estaba dotado en la Constitución de 1857 de facultades que le permitían estorbar o hacer embarazosa y difícil la marcha del Poder Ejecutivo, o bien sujetarlo a la voluntad caprichosa de una mayoría fácil de formar en las épocas de agitación, en que regularmente predominan las malas pasiones y los intereses bastardos.

De allí también su actitud frente al zapatismo. Para Carranza —escribe Womack— "los zapatistas no eran sino forajidos del campo, peones advenedizos que nada sabían de cómo gobernar". Ningún cambio desde abajo era admisible:

176. Una de sus muchas giras.
177. Zapatistas como forajidos.
178. No bastaba el ideal de Madero.
179. La democracia como conciliación.

177

178

Las facciones que después de la derrota del huertismo han combatido al gobierno constitucionalista —decía Carranza— se han distinguido, a la vez, por su falta de orden, o lo que es lo mismo, por la ausencia completa de la ley, por la carencia de toda clase de respeto al derecho ajeno.

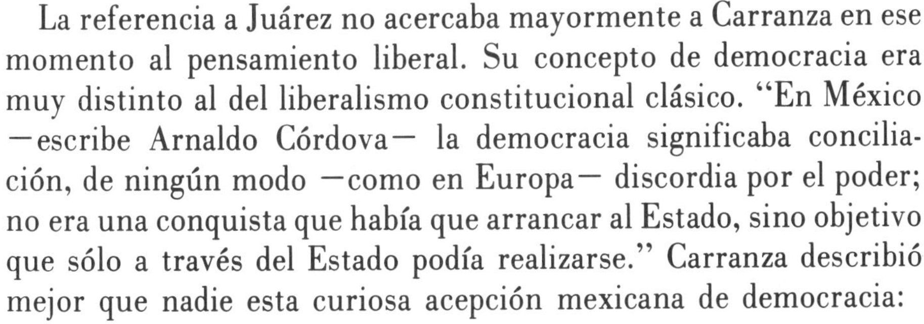

La referencia a Juárez no acercaba mayormente a Carranza en ese momento al pensamiento liberal. Su concepto de democracia era muy distinto al del liberalismo constitucional clásico. "En México —escribe Arnaldo Córdova— la democracia significaba conciliación, de ningún modo —como en Europa— discordia por el poder; no era una conquista que había que arrancar al Estado, sino objetivo que sólo a través del Estado podía realizarse." Carranza describió mejor que nadie esta curiosa acepción mexicana de democracia:

La democracia, la única que puede establecer la concordia en todas las clases sociales, por la armonía de todos los intereses, sobre la base de la independencia de todos los hombres y especialmente de los miembros de un mismo cuerpo político, y de la perfecta igualdad entre ellos, no es, no puede ser otra cosa, en esencia y en verdad, que el gobierno de la razón alta, profunda y serena, que palpando las pulsaciones de la vida de la Nación y observando atentamente su historia y sus necesidades y tendencias, busca fórmulas adecuadas para establecer y conservar el equilibrio en sus fuerzas vitales, medidas salvadoras para remediar males que amenazan su existencia o la hacen difícil y desgraciada, y reformas útiles para levantar su espíritu y ennoblecer su voluntad, despertando y fortificando sentimientos de piedad para los desvalidos, de liberación para los que sufren por las injusticias sociales

179

181

182

y de fraternidad y simpatía para todos. Por esta razón, la democracia sincera y rectamente vista y honradamente practicada, no debe buscar la mayoría en compromisos de partidarismo, cualquiera que sea su origen y el nombre con que se le ampare, sino en la representación de todas las clases y de todos los intereses legítimos.

Sin ser radicales, Carranza y su grupo habían partido también, en cierta medida, de la raíz colonial. Salvo la independencia nacional —ideal de los insurgentes que recorre nuestros siglos XIX y XX sin solución de continuidad— los conceptos carrancistas de municipio

180

180-183. El nuevo Estado: situado por encima de los grupos sociales, con un poder no soñado por don Porfirio.

autónomo y Estado poderoso, patriarcal y benefactor, provenían de la cultura política ibérica.

De la conjunción del pensamiento radical y el carrancista nació el nuevo Estado mexicano: enraizado en la tradición pero abierto a la modernidad. Ninguno de los dos grupos tenía dudas sobre la legitimidad: "la voluntad popular —escribe Córdova— se había fijado en la Constitución y de ésta había pasado al Estado, de manera que la voluntad del Estado era al mismo tiempo la voluntad del pueblo". Situado por encima de los grupos sociales, dueño de un poder no soñado siquiera por don Porfirio, el nuevo Estado asumía frente a sí, por vocación propia, una inmensa encomienda histórica: guiar a la Nación por la ruta de un progreso justo, igualitario e independiente.

En Querétaro se habían consumado las bodas del siglo XX con el pasado colonial. La Nueva Constitución auspiciada por Carranza había tendido el puente entre aquellos siglos. Pero ¿dónde había quedado el siglo XIX?

183

PROHIBIDA LA REPRODUCCION
CONFORME A LA LEY.

Vindicación decimonónica

EN MAYO DE 1917 el Primer Jefe se convirtió en Presidente Constitucional. Durante tres años de ceremonioso gobierno no habría paz en los frentes militares ni en los sociales, ni en la diplomacia internacional ni en las conciencias. La Revolución no había concluido. Aunque la mayoría de los gobernadores electos en 1917 serían gente de su confianza, las elecciones no fueron un día de campo. Hubo tensión en muchos estados y efímeras rebeliones en dos de ellos: Coahuila, claro está, y Tamaulipas. En las elecciones para diputados y senadores de 1918, Carranza vio declinar su estrella: no pudo ni intentó, realmente, controlarlas. Conocía las prácticas porfirianas de "arrendar" a la caballada, y aunque las empleó aquí y allá contra la prensa o la oposición, no tuvo la constancia del viejo dictador. En México no había democracia —opinó Cumberland— "pero lo sorprendente no era que Carranza esquivara la Constitución sino que no fuese más hostil en favor de su propio poder y el de sus amigos". Quizá no haya sido tan sorprendente: por más que sus críticos lo viesen como tal, Carranza no era un dictador.

El panorama económico no podía ser más desastroso. Sin crédito externo o interno, con una enorme deuda de casi 750 millones de pesos, poco podía hacer el Gobierno más allá de cubrir su insaciable

186

185

184. Más solemne...
185. y ceremonioso...
186. ...pero igualmente impasible.

187

presupuesto militar. El desempleo era creciente y sólo 12% de las minas estaba en operación. 1917, el año de la Constitución, fue terrible en el campo mexicano: la caída de cosechas de subsistencia y la imposibilidad de importar granos provocaron hambre. Tampoco faltaron otras maldiciones bíblicas: la peste y la guerra.

El país seguía siendo un vasto campamento rebelde. En las montañas de Morelos, Zapata continuaba *su* tenaz revolución. En Veracruz, con el propósito de regresar a los tiempos de su tío, operaba Félix Díaz. En Oaxaca, inspirados también por el recuerdo porfiriano y por un antiguo autonomismo, actuaban Guillermo Meixueiro y José María Dávila. En la Huasteca, alrededor de Tampico y Tuxpan, el general Manuel Peláez seguía protegiendo a las compañías petroleras de toda interferencia central. En San Luis Potosí el enemigo eran los hermanos Cedillo y en Michoacán una hiena nacida hombre por equivocación: Inés Chávez García. En Chihuahua merodeaba la pesadilla mayor, el rebelde de leyenda: Villa; sus hachazos espaciados pero certeros cimbraban el viejo tronco del "árbol don Venus".

En sus tres años casi exactos de gobierno constitucional, Carranza logró reducir sólo a algunos jefes menores y a dos luminarias: Felipe Ángeles, por traición y con un manido juicio a fines de 1919, y Emiliano Zapata, por traición, en abril de ese mismo año. Implacable con sus enemigos, Carranza pensó quizá que seguía los pasos de Juárez. Se equivocaba en los medios y en los fines. Al restaurar la República, Juárez había decretado una amplia y generosa amnistía. El alumno, en este sentido, resultó inferior al maestro. La historia se lo reclamaría, y con razón.

Los acontecimientos que desencadenó Carranza al abrir aquella caja de Pandora siguieron su curso. En febrero de 1913, sólo 97 comunidades habían recibido tierras. Carranza tenía serias dudas sobre la

188

187. Inés Chávez García: hiena.
188. Félix Díaz y Aureliano Blanquet, rebeldes en Oaxaca.
189 -190. Errores de Carranza: las muertes de Zapata y Ángeles.
191. ¿Futuro parvifundista?

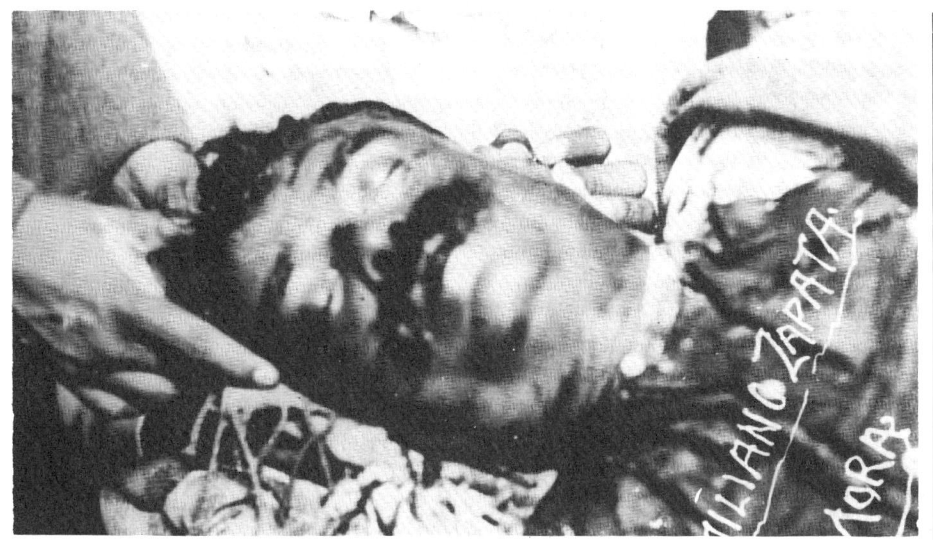

189

190

efectividad económica y social del nuevo artículo 27 en su parte agraria. Sería el primero, no el último presidente en tenerlas. Para dictaminar en firme sobre la situación envió a Pastor Rouaix a viajar por la República y observar el problema *in situ.* Del viaje nació una iniciativa que no llegaría al Congreso, pero que reflejaba la desilusión carrancista con las medidas radicales que, según el propio Carranza, habían rebasado "las fronteras de nuestro medio social": pugnaba por la pequeña propiedad, negaba la propiedad comunal y las dotaciones gratuitas. El sueño de Carranza eran las granjas y colonias agrícolas, y su ideal inmediato, como buen norteño, era ver al campesino mexicano convertido en un parvifundista emprendedor. No sorprende que hacia el final de su periodo se devolvieran algunas haciendas y se hubiesen entregado sólo 200 mil hectáreas.

En la cuestión obrera la pauta de conflicto no se repitió. Carranza puso oídos sordos a la presión patronal que lo incitaba a emplear "mano dura" y respetó varios movimientos de huelga. A un político de su sagacidad no podía escapársele la fuerza real de los obreros y la conveniencia de restablecer con ellos el pacto de 1915. Quizá por esto apoyó al gobernador de su propio estado, Gustavo Espinosa Mireles, para organizar en mayo de 1918 un congreso obrero con representación nacional. De aquel congreso nació, para bien, la CROM (Confederación Regional Obrera Mexicana), la primera gran central obrera de nuestra historia, antecedente —pero no pariente— de la actual CTM. El ganancioso, sin embargo, no fue Carranza sino el habilísimo Obregón: con la vista fija en la silla presidencial, firmó un pacto secreto de apoyo con el secretario de la CROM —Luis N. Morones— y su apretada camarilla denominada Grupo Acción. Cuando cayó Carranza, en mayo de 1920, el movimiento obrero mostraba un balance positivo: no se había reglamentado el artículo 123, pero la presencia de los obreros en la vida política mexicana era ya un hecho irreversible.

191

PIDE A EL CIUDADANO
DEL OBRERO
DIPUTADOS REFORMADORES DE LA CONSTITUCION
PIDEN LA LIBERTAD DEL OBRERO
E. VELASCO.

AL
BENEMERITO
BENITO JUAREZ
LA PATRIA
TO DE ELECTRICISTAS PIDE AL
LA REBOLUCION LA LIBERTAD DE
E. VELASCO.
EN NOMBRE DE LA
PEDIMOS LA LIBERTAD DEL OBRERO
VELASCO
EL PERIODO CONTITUCIONAL
NCEDED LA LIBERTAD
OBRERO E. VELASCO
DE MAYO
PERIODO
LIBERTAD

193

Los párrafos del artículo 27 relativos al subsuelo fueron materia permanente de controversia. Carranza —el más radical de los nacionalistas— hubiese querido reglamentarlos a toda prisa, pero las circunstancias internacionales no lo favorecían. Al entrar en la Guerra Mundial, los Estados Unidos requerían una vía expedita al petróleo mexicano, y así lo hicieron ver, anclando en varias ocasiones barcos de guerra frente a Tampico. Por otra parte, el Departamento de Estado siguió insistiendo en el carácter confiscatorio de los decretos carrancistas y el "bolchevismo" del artículo 27. Su propósito era la completa derogación del nuevo cuerpo legal, la vuelta sin cortapisas al *statu quo ante.* Nada más remoto del pensamiento de Carranza. El 19 de febrero de 1918 emite un nuevo decreto que define regalías, contratos e impuestos, y reglamenta los permisos obligatorios de exportación. Las compañías terratenientes quedaban en condición de concesionarias. La historia se repite: Washington truena, Carranza persiste.

Se ha ponderado mucho, pero nunca será suficiente, la gallardía internacional de Carranza, en particular frente a los Estados Unidos. De principio a fin resguardó los intereses de México con una obstinación que en su momento pareció ceguera o rigidez, pero que, bien vista, fue una mezcla afortunada de firmeza y ductilidad. Entre los muchos recursos de la diplomacia carrancista contó la que en inglés se denomina *brinkmanship,* y que en castellano significa habilidad para llevar el regateo en provecho propio hasta el filo del precipicio, sin caer en él. Durante aquellos tres años de tormenta interna y externa, varios grupos oficiales y de empresarios en los Estados

◀ *192.* Protesta obrera.
193. Con ellos no cedió.

194

195

Unidos pugnaban sin tapujos por retirar el reconocimiento al gobierno de Carranza, presionar para derrocarlo y hasta intervenir militarmente. (Ésta fue, por ejemplo, la posición del Comité Fall en el Senado norteamericano.) Por otra parte, el presidente Wilson representaba casi siempre la vertiente conciliadora o blanda: aunque no comprendía a Carranza, se preciaba, con razón, de no haber empleado en gran escala su fuerza militar contra México. Uno de los grandes aciertos de Carranza fue explotar las contradicciones internas entre estos bloques, grupos o personas en el poder de Norteamérica. Dividió y venció.

Con ser elevada, su lección mayor no la dio en el terreno intelectual: la impartió en el campo de la moralidad. No lo conmovían las

194-195. Patriota y nacionalista.

196

197

198

amenazas ni los mimos. Siguió fiel a la pauta de los primeros años. Una y otra vez el Departamento de Estado amagó con medidas violentas y en ocasiones —como en el caso de la Expedición Punitiva— las cumplió. Ante ellas Carranza reaccionó con apego a postulados jurídicos de convivencia y respeto internacionales. Cuando los norteamericanos intentan no con el palo sino con el pan, Carranza se mantiene imperturbable. Los deseos de aquéllos por acudir en "auxilio y redención de su postrado país" eran, a su juicio, la otra cara de una misma moneda intervencionista. Carranza no cayó en provocaciones ni las hizo. La cosecha fue generosa: no cedió ni cambió en términos de legislación, evitó una auténtica intervención e introdujo nuevas reglas del juego en las relaciones de México con gobiernos, compañías o particulares del exterior. Y todo ello en plena Guerra Mundial, de la cual los Estados Unidos emergerían más poderosos que nunca.

196-198. One more time: go home!

Se ha dicho también que como contrapeso a la presión e influencia norteamericanas Carranza coqueteó más de la cuenta con Alemania. El coqueteo existió pero menos de la cuenta. Carranza esperó ayuda de Alemania antes, durante y después de la Guerra Mundial, pero no al grado de renunciar a la neutralidad mexicana en la guerra ni de embarcarse en aventuras riesgosas para México o en actitudes provocativas frente a los Estados Unidos o los aliados. Otro gobernante distinto de Carranza hubiese escuchado a las sirenas del telegrama Zimmermann, culminación de una serie de intentos por involucrar a México en una guerra con los Estados Unidos para disuadir a éstos de entrar en el conflicto europeo. A la letra, el famoso telegrama decía:

> Tenemos intenciones de comenzar la guerra submarina ilimitada el 1o. de febrero. Con todo, se intentará mantener neutrales a los Estados Unidos. En caso de que no lo lográramos, proponemos a

199

> México una alianza bajo la siguiente base: dirección conjunta de la guerra, tratado de paz en común, abundante apoyo financiero y conformidad de nuestra parte en que México reconquiste sus antiguos territorios en Texas, Nuevo México y Arizona. Dejamos a Su Excelencia el arreglo de los detalles.
>
> Su Excelencia comunicará lo anterior en forma absolutamente secreta al Presidente tan pronto como estalle la guerra con los Estados Unidos, añadiendo la sugerencia de que invite al Japón a que entre de inmediato en la alianza, y al mismo tiempo sirva de intermediario entre nosotros y el Japón.
>
> Tenga la bondad de informar al Presidente que el empleo ilimitado de nuestros submarinos ofrece ahora la posibilidad de obligar a Inglaterra a negociar la paz en pocos meses. Acúsese recibo. *Zimmermann.*

199. Nicht her Zimmermann!

200

Según Friedrich Katz —autor de una obra magistral sobre la vida exterior de México entre 1910 y 1920: *La guerra secreta a México*— el telegrama Zimmermann era una "engañosa maniobra en gran escala para inducir a Carranza a efectuar un ataque contra los Estados Unidos". Aunque el Servicio de Inteligencia británico lo reveló prematuramente, es dudoso que Carranza lo hubiese aceptado: si algo caracterizaba al viejo Presidente era la prudencia. Las concesiones que dio a los alemanes —cuya labor de infiltración, propaganda y espionaje en esos años fue activa y exitosa— se comprenden no a la luz de la simpatía o la sumisión sino a la del necesario equilibrio frente a un vecino imperioso. Así también se explica otra de las campanadas internacionales de Carranza: su acercamiento a los países latinoamericanos.

A fines de 1916, un delegado diplomático norteamericano expresó esta opinión que aun ahora parece increíble: "Los mexicanos hablan como si su país estuviera completamente hecho, y fuera un Estado soberano altamente desarrollado, tratando en un plan de igualdad con las otras naciones de la Tierra."

Al finalizar el periodo carrancista la fórmula *como si,* se había transformado definitivamente en *debido a que;* el *fuera* se volvió *es.* Carranza había afirmado la soberanía nacional y la independencia —dos ideales nacidos en el siglo XIX— tornando irreversibles para México cuatro postulados de convivencia internacional que desde entonces se conocieron como la Doctrina Carranza. Juárez, en su

200. ¿Es su obra, señor presidente?

201

momento, había proclamado: "Entre los individuos como entre las naciones el respeto al derecho ajeno es la paz." En este caso, el discípulo Carranza vindicó con creces el postulado del maestro:

> Que todos los países son iguales; deben respetar mutua y escrupulosamente sus instituciones, sus leyes y su soberanía;
>
> Que ningún país debe intervenir en ninguna forma y por ningún motivo en los asuntos interiores de otro. Todos deben someterse estrictamente y sin excepciones al principio de no intervención;
>
> Que ningún individuo debe pretender una situación mejor que la de los ciudadanos del país a donde va a establecerse, ni hacer de su calidad de extranjero un título de protección y de privilegio. Nacionales y extranjeros deben ser iguales ante la soberanía del país en que se encuentran;
>
> Que las legislaciones deben ser uniformes e iguales en lo posible, sin establecer distinciones por causa de nacionalidad, excepto en lo referente al ejercicio de la soberanía.

Con los artículos que tocaban la delicada cuestión religiosa Carranza fue particularmente cauto. Desde el principio se negó a ponerlos en vigor, pero en algunos estados los gobernadores eran impacientes. El primer brote ocurrió en Jalisco a mediados de 1918. Ante la restricción oficial a los ministros religiosos, se organiza un vasto y efectivo boicot comercial. En previsión de mayores problemas, el Gobierno revoca el decreto correspondiente y vuelve la paz. Carranza propone de inmediato dos iniciativas de reforma a la Constitución: un nuevo artículo 3o. y cambios tolerantes y conciliadores al artículo 130.

201. Últimas ceremonias, 5 de mayo con Aguirre Berlanga.

202

202-206. Postuló la libertad de conciencia.

El 21 de noviembre de 1918 el *Diario Oficial* publicó la iniciativa de reforma al artículo 3o. Por primera vez entonces predomina en Carranza el espíritu liberal del siglo XIX. Al citar el artículo 3o. comenta:

> Tratada así la garantía, su evidente forma restrictiva y su espíritu (...) no se acomodan a la amplitud filosófica en que se ha de externar el derecho de libertad de enseñanza, ni se hallan acordes con las necesidades reales y menos aún en armonía con el medio para el cual se legisla.

La iniciativa comprendía un detallado recorrido histórico cuyo objeto era mostrar que ni en tiempos de "avasalladora teocracia" ni en épocas de predominio liberal se habían insinuado siquiera prohibiciones a la libertad de conciencia como la que sancionaba el artículo 3o. de la última Constitución. Además de esta razón histórica argüía otras: el temor infundado a la libertad, la necesidad de "no coartar la voluntad familiar respecto de la enseñanza de los hijos",

203

204

205

el "sentir franco y general del país (...) en favor de la más sincera tolerancia".

El argumento mayor era premonitorio de la inminente guerra de los cristeros.

> Si en las leyes perdurase el espíritu parcial que se observa en el artículo tercero (...) se correría grave riesgo de prolongar la irritación característica de las contiendas de religión que tan funestas han sido en el Viejo y en el Nuevo Mundo (...)

El nuevo artículo 3o. que proponía Venustiano Carranza era el siguiente:

> Es libre el ejercicio de la enseñanza, pero ésta será laica en los establecimientos oficiales de educación, y laica y gratuita la primaria superior y la elemental que se imparta en los mismos. Los planteles particulares de educación estarán sujetos a los programas e inspección oficiales.

206

207

208

En su exposición de motivos para reformar el artículo 130 Carranza fue igualmente claro. Recordó un elogio de Mata en el Constituyente del 57 a la libertad de conciencia y argumentó que el artículo contradecía "la jurisprudencia nacional, escrupulosa en mantener la diferencia entre la jurisdicción del Estado y la jurisdicción religiosa" y declaró con todas sus letras:

> (...) medio siglo después de las Leyes de Reforma, aparecería extemporáneo e incompatible con la tolerancia y la cultura ambiente (...) traspasar la línea frente a la cual se detuvo en medio del hervor de las pasiones el presidente Lerdo de Tejada.

La iniciativa de ley de Carranza proponía derogar los párrafos séptimo y octavo del artículo 130 (respectivamente: la determinación por las legislaturas de los estados del número máximo de ministros de culto y el requisito de ser mexicano por nacimiento para ejercer el ministerio) y reformaba el párrafo decimosexto en el sentido de que la adquisición de los bienes del clero por particulares se rigiese según las disposiciones del artículo 17 de la propia Carta Magna. Para su decepción, como en el caso del problema agrario, sus proyectos no encontraron eco: las legislaturas locales y dos tercios del Congreso los rechazaron.

Algunos historiadores han atribuido al presidente Carranza una "marcha atrás" en política social: freno a la reforma agraria, freno relativo al movimiento obrero, freno a los artículos 3o. y 130. En realidad, su actitud es congruente antes, durante y después del Congreso Constituyente. Los jóvenes radicales lo habían vencido pero

207. Detenerse donde Sebastián Lerdo de Tejada.
208. Terminó liberal.

no convencido. Los nuevos artículos que a su juicio hubiesen requerido un proceso de maduración, formaban parte ya de la nueva Carta, pero ésta no era inmodificable y menos con los poderes que ella misma reservaba al Ejecutivo. Por diversas razones, discutibles pero nunca triviales, Carranza pensó que la nueva legislación era errónea, e intentó oponérsele y reformarla. Al hacerlo —cabe recordar—, utilizó vías políticas y legales. No objetaba la necesidad de reformas sociales. Objetaba la forma y el *tempo* en que se habían impuesto. Estimaba contraproducentes ambos.

Algunos años más tarde, Manuel Gómez Morín escribiría un párrafo que reflejaba la verdadera actitud de Carranza ante la legislación radical: "Elevar a precepto legal lo que es un ideal trascendente, provoca a menudo la imposibilidad de realización de ese mismo ideal."

Carranza se opuso a algunos aspectos agrarios del artículo 27 y, en su totalidad, a los artículos 3o. y 130, justamente porque pensaba que al ponerlos en práctica bloquearía la realización de los ideales de justicia y libertad que los sustentaban. Quizá entonces dudó de su concepto de democracia. Si democracia era, en esencia, "el gobierno de la razón alta, profunda y serena que (...) observando (...) sus necesidades busca fórmulas adecuadas (...) medidas salvadoras (...) y reformas útiles", ¿quién aseguraba que el criterio utilizado en esa observación y esas decisiones fuera el de "la razón alta, profunda y serena"? De pronto percibió que su puente entre siglos había olvidado la tierra firme del siglo XIX. Pero era tarde para tender nuevos puentes. La fuerza de la tradición colonial "anudada" al ímpetu moderno devastaba el islote liberal que don Venustiano Carranza, finalmente, reconoció como el propio.

209

209. Hombre rebasado...

Deber y destino

AL ACERCARSE las elecciones presidenciales de 1920 Carranza era, más que nunca, un hombre rebasado. Una nueva ideología y una nueva actitud con raíces en el pasado y en el futuro lo habían sobrepasado en 1917. Después, las circunstancias se le vinieron encima: levantamientos, fermentos políticos, inquietud social, desastre económico, epidemias, hambre, boicots, huelgas... La caballada estaba más alborotada que nunca y el viejo Presidente no tenía posibilidades ni tiempo para arrendarla. Para colmo, de modo y en medida sin precedente, buena parte de la nueva clase política usufructuaba los puestos públicos como propiedad privada. "*El Viejo* no roba, pero deja robar", se llegó a de-

211

210. ...y solo.
211. El mal de México es el militarismo: a Blasco Ibáñez.

cir. Mientras que Vasconcelos ideó el despectivo "carranclán", el pueblo, que había inventado ya el vocablo para designar a los constitucionalistas: "consusuñaslistas", discurría ahora el neologismo "carrancear" como sinónimo de robar. Carranza no fue insensible al desprestigio moral y la sangría económica. Para contrapesar ambos fundó la Contraloría General de la Nación. Esfuerzo inútil. A pesar de su honradez personal, en la mente de muchos mexicanos humildes su figura quedó asociada a la corrupción.

"La Revolución es la Revolución", había dicho Luis Cabrera; Carranza lo creía también. Difícil definirla, difícil embridarla. Quizá por eso no pretendió una acción moralizadora a ultranza. En su cautela había asimismo un dejo de fatalidad, la sensación de que la lucha no sólo era cambio sino también fango: botín, ambición, depredación. Quedaban todavía demasiados frentes inciertos como para seguir abriendo nuevos.

Con todo, precisamente en medio del acoso, Carranza abre el último de sus frentes: pensando quizá en la defensa civilista de Juárez en 1871 contra la "odiosa banderola del militarismo", decide incluir en la historia de México un capítulo a la vez deseable y prematuro: el fin del militarismo. Aquel viejo sagaz sabía que un nuevo Díaz sonorense aguardaba su turno en la Presidencia con credenciales no inferiores a las que tenía Porfirio en su momento. Sabía perfectamente el desenlace de aquella historia. Y sin embargo insiste. A Blasco Ibáñez, que por entonces preparaba su libro *El militarismo mexicano*, le confía su propósito:

> El mal de Méjico ha sido y es el militarismo. Sólo muy contados presidentes fueron hombres civiles. Siempre generales, ¡y qué ge-

212

213

212. Vicente Blasco Ibáñez.
213-214. Doble error: dar la espalda a Obregón y promover la candidatura de Bonillas.

214

> nerales!... Es preciso que esto acabe, para bien de Méjico; deseo que me suceda en la Presidencia un hombre civil, un hombre moderno y progresivo que mantenga la paz en el país y facilite su desarrollo económico. Hora es ya de que Méjico empiece a vivir como los otros pueblos.

Sí, hora en el tiempo de lo moral pero no en el de lo político. Carranza cometió un doble error de índole política: dar la espalda a Obregón —el triunfador militar del movimiento armado— y promover la candidatura del embajador en Washington, Ignacio Bonillas. Su designación resultó tan disparatada que la opinión pública —según cuenta Blasco Ibáñez— la tomó a chunga:

> Entre las canciones nacidas en la capital de España que ruedan por los teatros y *music-halls* de todos los países americanos de lengua española, hay una que se ha hecho popularísima. Es la historia de una pastorcita abandonada y vagabunda que ignora dónde nació y cuáles fueron sus padres, que no puede decir nada de su origen y sólo sabe que su apodo es Flor de Té.

215

216

215-217. Flor de Té y sus huestes.

217

El maligno público de Méjico bautizó inmediatamente al candidato de Carranza, venido del extranjero, y que nadie sabía quién era ni adónde podía ir:

"¡Viva Bonillas! ¡Viva *Flor de Té*!"

El poder real no era ya de Carranza, y mucho menos del pobrecito *Flor de Té,* sino del compacto grupo sonorense que desde el cuartelazo de Huerta y el Plan de Guadalupe había jugado un papel decisivo en la Revolución. Nadie dentro del grupo objetaba la preminencia de Obregón: el caudillo indiscutido, el vencedor de Villa, "el hombre más popular y temido" —según Blasco Ibáñez. Su proyecto era claro: "Si no consigo que me elijan presidente —proclamaba Obregón a diestra y siniestra— será porque no quiere don Venustiano. Pero antes de que el viejo barbón falsee las elecciones, me levantaré en armas contra él."

En abril de 1920 el grupo sonorense lanza el Plan de Agua Prieta, desconoce al Gobierno y reinicia por su cuenta la Revolución. Pero la gente tiene el presentimiento de que ésta será la más breve de las revoluciones.

Martín Luis Guzmán encontró el adjetivo perfecto para calificar el fin de Venustiano Carranza: ineluctable. No era sólo el repudio general a *Flor de Té* o la estrella ascendente de Obregón y su grupo. Bien vista, aquélla era la última de una serie de derrotas que habían comenzado mucho antes: en el Congreso Constituyente de Querétaro. Nuevas generaciones tocaban ruidosamente a la puerta del poder. ¿Cómo detenerlas? ¿Cómo convencerlas de que una vez más, como en 1911, 1913 o 1915, el viejo patriarca tenía toda la razón? Imposible. Carranza lo entendió bien pero no cedió: representaba la legalidad. Inconmovible, impasible, volvió seguramente a su libreto juarista y emitió un manifiesto "claro, terminante" y digno:

> Se equivocarían completamente quienes me supongan capaz de ceder bajo la amenaza del movimiento armado, por extenso y poderoso que sea. Lucharé todo el tiempo que se requiera y por todos los medios posibles... Debo dejar sentado, afirmado y establecido el principio de que el poder público no debe ya ser premio de caudillos militares cuyos méritos revolucionarios no excusan posteriores actos de ambición.

218

"Nada superaba en él a su obstinación —agrega Martín Luis Guzmán—, nada a su incapacidad de reconocer sus errores. Pudiendo rectificar, ni un momento pensó en hacerlo." Pero ¿por qué rectificar? La lógica que para entonces guiaba los pasos de Carranza no era política sino puramente jurídica y moral. No se trataba ya de salvar vidas, y menos aún —como le confió a Roque Estrada— su vida; se trataba de salvar principios. Su deber era conservar la legalidad obe-

218. Representaba la legalidad.

deciendo, antes que a la estrategia, al destino. Su fin era ineluctable justamente porque lo había asumido con libertad. A un grupo de generales que lo visitan el 21 de abril de aquel año de 1920 —entre ellos Jacinto B. Treviño y Francisco J. Múgica— les advierte: "Nada ni nadie me harán retroceder en mi camino, pues no tengo más punto de vista que someter a los alzados por medio de las armas o caer luchando en la contienda... Desde el año de 1913 tengo prestada la vida."

No es casual que durante su última noche en la ciudad de México haya releído una de sus biografías favoritas: *Belisario* (Bélisaire) del autor francés Jean François Marmontel (1723-1799). Aquel extraordinario general romano de principios del siglo VI había emprendido campañas comparables sólo a las de Alejandro Magno y Julio César. Durante 30 años ininterrumpidos había vencido a los moros y vándalos en África, a los ostrogodos en Italia, a los persas en Asia, a los hunos en Constantinopla. Gracias a Belisario, el emperador Justiniano había podido consolidar el Imperio bizantino y la fe cristiana. Pero según Marmontel, su fin había sido muy terrible: ofuscado por la envidia, el emperador Justiniano dejó ciego a Belisario con hierros candentes en una prisión. Convertido en paria, Belisario no abjuró de su fe ni de su emperador. A la plebe indignada le respondía: "¿En qué país no se ve siempre a los hombres de bien víctimas de los malvados?" A su propia hija la consolaba con tonos dignos de Epicteto: "Privándome de la vista no han hecho más que lo que iba a hacer la vejez o la muerte." "Quien se da todo entero a la patria —afirmaba Belisario— debe suponerla insolvente, porque lo que expone por ella, en realidad no tiene precio."

En la virtud estoica de aquel general romano dúctil a la fatalidad encontró Carranza su último perfil y su consuelo. Para sorpresa de sus allegados y colaboradores, cuando por fin decide abandonar la

219

219. De noche leía *Belisario.*

220

221

capital y emprender la marcha hacia Veracruz lo hace del modo más inconveniente, mudando en una inmensa caravana de 60 vagones a los poderes públicos: su gente, archivos, armas y haberes. Sus movimientos —casi deliberadamente pausados ahora— no los dicta ya el instinto de supervivencia sino la voluntad de legar un testimonio:

220. El tren Dorado.
221. El andén del destino.
222. Una de las narraciones de su muerte.

MARTÍN LUIS GUZMÁN

MUERTES HISTÓRICAS

I

Tránsito sereno de

PORFIRIO DÍAZ

Ineluctable fin de

VENUSTIANO CARRANZA

222

"La historia reconocerá el móvil patriótico de mis actos y juzgará de ellos. Procedo como creo mi deber en bien del país."

Nunca como en aquel trance se vio a sí mismo Carranza como personaje de un drama histórico. Y una vez más su sabiduría histórica acierta: lo era. Fernando Benítez, a quien debemos una espléndida novela histórica sobre la caída de Carranza, pone en boca del *Rey Viejo* una última lección:

> No hay un gran mexicano que no haya sido un fugitivo. Los mejores han vivido errantes, no una semana o dos, sino años enteros, y al final ellos fueron los victoriosos. Cobre usted ánimo. Nada se nos da regalado. Todo hay que conquistarlo con fe y con sacrificio. ¿Recuerda usted a Juárez? Durante meses anduvo en el desierto metido en un coche desvencijado, traicionado por sus amigos más íntimos. Y venció. Nosotros venceremos también si sabemos endurecernos contra la adversidad.

La interpretación es hermosa, pero romántica e inverosímil, al menos para ese momento de la vida de Carranza. Lo más probable, a juzgar por múltiples testimonios, es que para ese tiempo don Venustiano hubiese perdido la fe. No por eso cedió al abatimiento ni infundió dubitaciones a los suyos. Pero tampoco esperanza. Quizá entonces recordó su actitud ante el sacrificio de su hermano Jesús, y no dudó, ni por un instante, de haber actuado conforme al deber.

El gobierno trashumante de Carranza sufrió su primer revés mili-

223

223. Tránsito por Apizaco.

224

225

tar en Villa de Guadalupe. No sería el último. A partir de allí, escribe Martín Luis Guzmán, "cada kilómetro suscitaba temores nuevos, cada estación suscitaba mayores amenazas". El 14 de mayo se entabla en Aljibes un tiroteo sangriento contra las fuerzas de Guadalupe Sánchez que, como la gran mayoría de los generales, le había dado la espalda al régimen constitucional. En plena balacera el general Urquizo llega hasta la plataforma del carro presidencial donde Carranza, sentado, tranquilo e "impertérrito", observaba el desorden y el pánico. Una y otra vez Urquizo intenta persuadirlo de que salga y escape. Carranza se niega. Había algo de reto al destino en su actitud: "No se movía del sillón en que reposaba; ni un músculo de su rostro se contraía... algunos proyectiles rebotaban siniestramente en el tren... y otros en el barandal dorado de la plataforma."

Por fin, accediendo a un ruego de Murguía, Carranza baja y monta con parsimonia un nuevo caballo. (Dos días antes habían matado al suyo en Rinconada, mientras lo montaba.) Acosada por todos los flancos, la caravana se deshace. "Era como el resto de un naufragio." Cortado el avance hacia Veracruz, la menguada comitiva de Carranza decide cambiar el rumbo: primero trataría de cruzar la Sierra de Puebla, para de allí seguir hacia Hidalgo, Querétaro, la Huasteca potosina y finalmente el Norte. Sólo un puñado de generales lo acompañan: Mariel, Murguía, Urquizo, Barragán. Iturbe, Aguilar y Diéguez le son fieles, pero están lejos. Ante el naufragio, Carranza no se inmuta: como nunca, muestra calma, fortaleza, orden.

El 20 de mayo, después de seis días de larga y penosa caminata, la caravana de cien hombres —varios de ellos civiles— atraviesa el río

224. Los últimos fieles. A la derecha, general Juan Barragán.
225. Parsimonia.

226

227

226. Herrero se rinde a Mariel.
227. Rodolfo Herrero.

Necaxa, pasa Patla y llega a las inmediaciones de La Unión, donde se les presenta el general Rodolfo Herrero, antiguo rebelde pelaecista que semanas antes se había acogido a la amnistía del gobierno carrancista.

La obsequiosidad de Herrero y el aval insospechable de Mariel, que lo conocía, persuaden a Carranza de seguir hasta Tlaxcalantongo. En aquella ranchería debían pernoctar el 20 hasta recibir noticias de Mariel, quien se adelantaría a Villa Juárez a fin de averiguar la actitud de los jefes Hernández y Valderrábano, y de hallarla positiva, franquearía un trecho más de la ruta hacia el Norte.

Ya en Tlaxcalantongo, Herrero escolta a Carranza hasta la choza que lo albergaría esa noche. Carranza, en atención a sugerencias de Herrero, ordena a Murguía que disponga guardias. A la una de la mañana, so pretexto de que a un hermano suyo lo han herido en un lugar cercano y reclama su atención, Herrero sale de Tlaxcalantongo. Al enterarse, Barragán, Cabrera y Aguirre Berlanga expresan su desconfianza al Presidente. Pero Carranza está dispuesto a encarar un desenlace definitivo, la salvación o la muerte: "Lo que ha de suceder que suceda. O nos va muy bien o nos va muy mal en esta campaña. Digamos como Miramón en Querétaro: 'Dios esté con nosotros en estas veinticuatro horas'."

En el jacal del Presidente duermen su secretario Pedro Gil Farías, Mario Méndez, los capitanes Octavio Amador e Ignacio Suárez y cerca de él, el ministro de Gobernación Manuel Aguirre Berlanga. En el vértice de la choza de madera opuesto a la puerta, Carranza —cosa extraña en él— no logra conciliar el sueño. Hacia las tres de la mañana un enviado de Mariel le comunica a Murguía que Hernández y Valderrábano son fieles y la ruta del día siguiente queda abierta. Murguía envía con un oficial apellidado Valle la buena noticia al Presidente. Acompañado de un indio que lo alumbra, Valle da el mensaje a Carranza, quien lo lee y comenta: "Ahora sí, señores, podemos descansar." Sólo 20 minutos habían transcurrido: de súbito, en medio de la oscuridad y la lluvia, comenzó el clamor de voces y el estrépito de disparos.

EL SR. CARRANZA HA MUERTO

FUE ASESINADO POR EL GENERAL EXFEDERAL RODOLFO HERRERO

EL UNIVERSAL

DIARIO POLITICO DE LA MAÑANA

Año V.-Tomo XV — Fundador: FELIX F. PALAVICINI — MEXICO, D. F. SABADO 22 DE MAYO DE 1920 — Número 1,312

El Hecho Ocurrió a la una de la Mañana del Jueves en Tlaxcalantongo

Por qué Estaba Casi Solo el Sr. V. Carranza

La Muerte del Primer Jefe

El valeroso caudillo que frente a la oprobiosa usurpación de Victoriano Huerta, levantó el pendón de la legalidad, e improvisando un ejército de ciudadanos castigó el crimen, elevó la dignidad de la patria y salvó a México del bochorno y la ignominia universal, ha muerto....

El hombre fuerte, el severo varón que dictó en Veracruz los postulados de la Revolución social y condensó en un programa de acero las aspiraciones del pueblo, ha muerto....

El inspirador de la Constitución de 1917, que concretó en preceptos perdurables la previsión social y las leyes del trabajo—sueño de nuestras clases obreras desde 1810—, ha muerto....

El Presidente de la República, erguido sostenedor de la soberanía nacional y del decoro patrio, ha muerto....

Sobre sus errores políticos, sobre sus lamentables equivocaciones de última hora, echemos, los revolucionarios sinceros, un piadoso velo. Y levantemos todos los hombres honrados de México, nuestra enérgica protesta contra los alevosos asesinos del Presidente de la República.

Cayó en manos tradicionalmente enemigas. Fue la Reacción la que le dió el tiro de gracia. Fusiles de ex-federales apuntaron sobre su pecho. Su sangre borra todas sus flaquezas de hombre, para que pase limpio de toda mácula a la eternidad de la historia, que va a recibirlo en su regazo como a uno de sus hijos predilectos!....

El Sr. Carranza se Dirigía a Necaxa?

SE COMUNICO AL CUERPO DIPLOMATICO LA PROYECTADA TRASLACION DE LOS PODERES A VERACRUZ

OPINION DE BLASCO IBAÑEZ SOBRE EL SR. CARRANZA

LA NOTICIA FUE DADA A CONOCER ANOCHE POR "EL UNIVERSAL"

Tan pronto como llegó a nuestro conocimiento la muerte del señor Carranza, por informes que se nos proporcionaron en el Cuartel General del general de división don Alvaro Obregón, dimos a conocer la noticia por medio de un boletín de EL UNIVERSAL, que circuló en los teatros y demás centros de reunión. Nuestro periódico fue el único diario que con toda oportunidad lo hizo, y la noticia se extendió rápidamente por toda la ciudad, ...

Será Traído el Cadáver a México por el General Francisco de P. Mariel

Los Grales. Barragán, Montes y González, el Coronel Fontes y el Ing. Bonillas Están a Salvo en Necaxa

A las diez y cuarto de la noche, en el Cuartel General del divisionario Alvaro Obregón, se nos entregó el siguiente boletín, que publicamos textual:

"Se han recibido partes oficiales diciendo que el ex-federal Rodolfo Herrero, rendido en el mes de marzo al General Mariel y perteneciente a las fuerzas del propio General, quien acompañaba al señor Carranza y a su comitiva, atacó a éstos a la una de la mañana de ayer, en un punto denominado Tlaxcalaltongo, habiendo resultado muertos el señor Carranza y sus acompañantes, sin que se conozcan aún los nombres de éstos.

"El ex-federal Herrero se había rendido a las fuerzas de Mariel el mes de marzo último."

TELEGRAMAS RECIBIDOS POR EL SR. GENERAL GONZALEZ

De Tulancingo, Hidalgo, a México, D. F., a 21 de mayo de 1920. 6.50 p. m.—C. General de División P. González.

Tengo la honra de poner en el superior conocimiento de usted, que en ampliación a mi conferencia de anoche relativa a los datos que me trasmitió el Teniente Coronel Barrios acerca de que el señor Carranza y su comitiva se habían dirigido rumbo a la Huasteca Veracruzana; que en conferencia que he tenido con el C. Coronel Lindoro Hernández, este Jefe me manifiesta que después de conferenciar con el Teniente Coronel Balderrábano recibió de este mismo un propio comunicándole que se rumoraba que había sido batido y capturado el señor Carranza por fuerzas de los Generales Vega, Bernal y Herrero, en uno de los puntos denominados Tlaxcalaltongo y La Punta, cuyos lugares están distantes cuatro leguas de Villa Juárez, Puebla. El mismo Coronel Lindoro Hernández envió un propio cerca del Teniente Coronel Balderrábano, a fin de que confirme o rectifique dicha noticia. Seguiré informando. Salúdolo respetuosamente. El general JESUS S. NOVOA.

De Huauchinango, Puebla, a México, D. F., el 21 de mayo de 1920. 8.30 p. m. KC. General de División P. González. Muy urgente.

Número 24. Con pena participo a usted de fuentes fidedignas, que hoy a la una de la mañana, el C. Presidente de la República, Venustiano Carranza fue asesinado por fuerzas del ex-federal rendido, Rodolfo Herrero, en punto llamado Tlaxcalatongo. Avísame Gral. Francisco de P. Mariel conduce cadáver a esa. Respetuosamente. El Coronel LINDORO HERNANDEZ.

De Tulancingo, Hidalgo, a México, D. F., el 21 de mayo de 1920. 10.20 p. m.—C. General de División P. González.

Con pena participo a usted que por parte que me rinde el Coronel Lindoro Hernández, de Huauchinango, es ya noticia confirmada que el señor Carranza fue asesinado anoche a la una por el ex-federal rendido Rodolfo Herrero, que se amnistió hará cuatro meses con el general Mariel. El asesinato se cometió en Tlaxcalaltongo. No se tienen detalles, pero el General Mariel que llegó a Villa Juárez, ya salió a recoger el cadáver para traerlo a Beristáin con sus acompañantes, ignorándose aún quiénes sean éstos. Yo salgo a Beristáin a recibirlos por ser esta la vía más apropiada, salvo las instrucciones que usted tenga a bien comunicarme sobre el particular. Además del cadáver del señor Carranza se encuentran los de seis de sus acompañantes, ignorándose aún quiénes sean. Respetuosamente. El General J. S. NOVOA.

México, mayo 21 de 1920.

El Capitán 2o., Jefe de la Sección de Mensajes del Cuartel General,

F. J. RODRIGUEZ

228

228. La noticia de su muerte.

229

Misterio en Tlaxcalantongo

SOBRE LO QUE OCURRIÓ desde ese instante hay varias versiones. Una de ellas, la más popular, se debe al general Francisco L. Urquizo. En su libro *Asesinato en Tlaxcalantongo*, Urquizo omite al oficial Valle y hace que el portador del mensaje de Murguía al Presidente sea precisamente un indio: "El indio, lejos de quedarse, como se le indicaba, se fue sin duda en busca de Herrero, que seguramente a esas horas estaría ya a las orillas del poblado, para notificarle quizá el lugar exacto en que se alojaba el señor Carranza; pues probablemente quiso cerciorarse primero del sitio preciso en que dormía el Presidente, antes de atacarlo, y no errar el golpe."

A los pocos minutos era rodeada la choza del señor Carranza y se rompía violentamente el fuego sobre sus endebles paredes de madera. El Presidente desde un principio recibió un tiro en una pierna y trató de incorporarse inútilmente para requerir su carabina. Al sentirse herido dijo al licenciado Aguirre Berlanga que estaba a su lado: "Licenciado, ya me rompieron una pierna." Fueron sus últimas palabras. Otra nueva herida recibió quizá y su respiración se hizo fatigosa, entrando en agonía. Después penetraron al jacal los asaltantes y le remataron a balazos.

Urquizo no presenció la escena; dormía en otra choza. Salvó la vida en la balacera y sólo pasados tres días supo de la muerte de Carranza. La descripción de su libro corresponde, según explica, a la de los testigos presenciales, pero lo cierto es que las versiones de estos testigos —Ignacio Suárez, Aguirre Berlanga y Octavio Amador— fueron distintas de la suya.

En su libro *Carranza, forjador del México actual* (publicado tardíamente en 1965) Suárez describe así la escena:

Ya en la meseta, amparados por la neblina y la fuerte lluvia, avanzaron pecho a tierra deslizándose como reptiles por el piso lodoso, silenciosamente, y así fue que el primer grupo alcanzó la parte posterior del alojamiento, directamente al ángulo suroeste del jacal donde descansaba el señor Presidente (lugar opuesto a la entrada), y poniéndose en pie lanzaron sus gritos de "¡Viva Obregón! ¡Viva Peláez! ¡Muera Carranza!", descargando sus armas directamente sobre dicho ángulo, donde, repetimos, estaba el señor

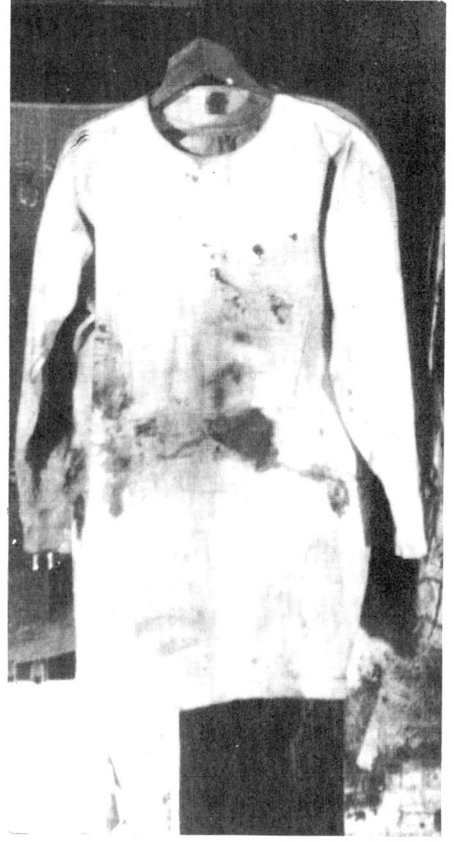

230

231

229. ¿Quién mató al señor Carranza?
230. ¿Balas de carabina?
231. Urquizo joven.

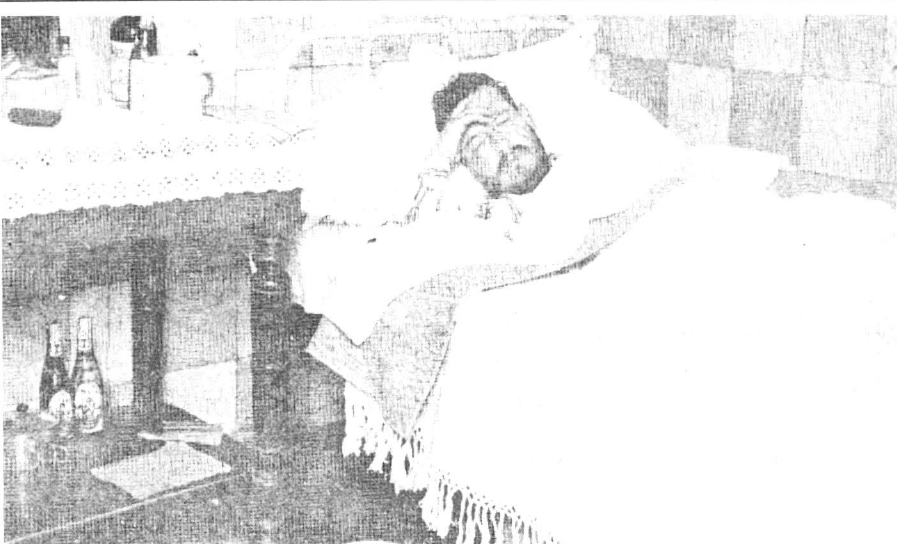

233

232

234

232. Tras las rejas, Juan Barragán y su posible secreto.
233. Melancolía de Aguirre Berlanga.
234. Carrancistas en prisión.

Carranza, de fuera para adentro y de arriba hacia abajo. Años después, antes de que la acción del tiempo destruyera el jacal, se observaban (testimonios de vecinos que allí habitaron en 1920) las perforaciones en la pared de madera delgada, ocasionadas por los proyectiles.

La declaración de Aguirre Berlanga, en cambio, fue dada días después de lo sucedido:

(...) y como a las tres y cuarto de la madrugada del veintiuno llegó un oficial del general Murguía con un correo que traía un oficial del general Mariel, en el que daba cuenta de que la comisión que había ido a desempeñar estaba arreglada satisfactoriamente; Mariel había salido de La Unión a Xico a ver si era posible una ruta expedita hacia el Norte; al leer esa comunicación, el Presi-

235

dente les dijo: "No había conciliado el sueño." Momentos después apagó él mismo la vela (el señor Carranza) y todos durmieron profundamente. Como media hora después fueron unas tremendas descargas de fusilería que los despertó en completa zozobra, llenando a todos de pavor por lo inesperado, pues que esa ocasión tenía (sic) plena confianza; inmediatamente después de las primeras descargas, dijo el señor Presidente: "Licenciado, me han quebrado una pierna, ya no puedo moverme", contestándole: "¿En qué puedo servirle, señor?", pero nada respondió, ignorando si oiría sus palabras, pues las descargas de fusilería continuaban con intensidad, así como los gritos de "Muera Carranza", "Sal, viejo barbas de chivo", "Ven para arrastrarte" y otras insolencias y blasfemias; todo el asalto del jacal se desarrolló en unos siete u ocho minutos, se abalanzaron los asaltantes sobre el jacal diciendo: "Salgan" y el capitán Amador les dijo: "No tiren, estamos rendidos", insistiendo en gritar que "salieran" y entraron ellos con la carabina en la mano y con la luz encendida, apuntando al pecho de los de adentro; el señor Carranza no moría aún, pero ya no volvió a hablar, teniendo sólo estertor; que inmediatamente fueron desarmados de sus pistolas y de las dos carabinas que únicamente había y eran de los señores Farías y Méndez; que el señor Carranza no tenía carabina; que el salvarse todos fue porque parece que el blanco objetivo principal fue el señor Carranza que estaba bien localizado por los asaltantes.

La declaración de Octavio Amador, contemporánea también del suceso, coincide con la de Aguirre Berlanga y añade un dato de interés sobre los asaltantes: "El capitán Garrido intimó rendición preguntando por el Presidente y al saber que estaba herido dijo que iban a llamar un doctor. Como no lo hubo dijo que procurarían curarlo. Luego se oyó un ronquido grueso..."

235. Comisión que investigaría su muerte.

Amador, Suárez y Aguirre Berlanga no vieron a los asaltantes "penetrar en el jacal y rematar a Carranza a balazos". Aguirre Berlanga no se refiere explícitamente más que a la bala que hirió al Presidente en una pierna. Sólo Suárez afirma que los balazos que mataron a Carranza vinieron de fuera de la choza. Esta versión es, sin duda, muy probable.

Hay bases, sin embargo, para considerar una hipótesis alternativa. Todo ocurre tal como Suárez y Aguirre Berlanga lo narran hasta el disparo que rompe la pierna de Carranza. En aquellos minutos de estruendo, lluvia y oscuridad, el Presidente, sabiéndose perdido y acarreando desde hacía tiempo un ánimo fatalista, prefiere morir de propia mano. Se pone los anteojos. Toma su pistola Colt 45. Con los dedos índice y pulgar de la mano izquierda apunta el cañón a su pecho. Dispara tres veces. Sigue el estertor y sobreviene la muerte.

Esta versión, la cual antes que disminuir acrecienta la altura moral e histórica de Carranza, fue, por supuesto, la que sostuvo Herrero. Pero desechando por principio la declaración de Herrero, quedan, no obstante, seis indicios de verosimilitud:

1) *Testimonio del embalsamador*

El doctor Sánchez Pérez, quien embalsamó el cadáver de Carranza, declaraba el 3 de junio de 1920 haber encontrado en él *cinco* heridas de bala. Tres se localizaban en el tórax, una en la pierna y otra, la más sorprendente:

> Por último advertí otra herida producida por arma de fuego con orificio de entrada en la cara dorsal de la primera falange del dedo índice izquierdo y con orificio de salida por la cara palmar del mismo e hiriendo la cara palmar del dedo pulgar de la misma mano.

¿Cómo explicar, si no es con la hipótesis alternativa, esta herida? ¿Qué otro proyectil sino una bala cercana de pistola pudo producir una herida sangrienta?

2) *Tamaño de las balas*

Aunque nunca se hizo autopsia formal del cadáver, los orificios de la camisa y camiseta de Carranza parecen ser de pistola, no de carabina como las que, según todas las declaraciones, portaban los asaltantes.

3) *Vaguedad en las declaraciones de Aguirre Berlanga*

En el acta, Aguirre Berlanga había dicho: "Que no afirma ni niega que el señor Carranza se haya disparado a sí mismo, pero en todo caso no cree el declarante que haya cometido tal acto."

No negar, en este caso, era conceder la posibilidad.

236

236. ¿Cómo explicar su herida en los dedos?

237

239

238

240

4) *Falta de refutación de la hipótesis alternativa*

En los días que siguieron a la muerte de Carranza, varias personas atestiguaron expresamente contra la hipótesis del suicidio. Murguía y Barragán niegan la hipótesis por una misma razón: el número de balas y los lugares que interesaron. Urquizo no se refiere al hecho porque, como Murguía y Barragán, no lo presenció. Por su parte, Aguirre Berlanga no cree en la hipótesis alternativa porque "la oscuridad no permitía 'ver ni a una cuarta distante de los ojos'." En la misma sesión, Aquiles Elorduy —integrante de una comisión investigadora formada en aquellos días— habla de "un centinela" que

237-238. Acosado por la fatalidad.
239. Murguía, fiel.
240. Urquizo, inexacto.

minutos antes de la balacera "so pretexto de dar parte de 'sin novedad'," había ido al jacal para advertir la posición de Carranza; explica que el cuerpo tenía "siete balazos" y niega la hipótesis alternativa porque "cuando acontece un hecho de esa naturaleza, todos los que lo saben lo gritan a voz en cuello".

Ninguna de estas afirmaciones constituía una refutación suficiente. Murguía y Barragán no mencionan específicamente el número ni el lugar de balazos pero ni una ni otra cosa desmienten la hipótesis alternativa. Quizá la versión de Aguirre Berlanga más que rebatir confirma la hipótesis: ¿no sería que debido a la oscuridad, Carranza, siempre débil de la vista, usó de sus dedos para apuntarse él mismo? El testimonio no presencial de Elorduy es inexacto en cuanto al número de balazos (fueron cinco y no siete) y en otro punto: según testimonios de Suárez y Murguía, quien visitó la choza era el oficial Valle acompañado de un indio, no un "centinela". Su misión consistía en dar a Carranza un mensaje crucial, no un "sin novedad". En cuanto a la aceptación espontánea y a voz en cuello del hecho, al parecer ocurrió, como puede verse en el inciso siguiente.

241

242

241-242. De Tlaxcalantongo a México.

243

244

245

243. Careo de Rodolfo Herrero y Francisco Murguía.
244. La choza de Tlaxcalantongo.
245. Plutarco Elías Calles: su ministro de Guerra.

5) *El telegrama y el acta*

Anexas a la investigación de los sucesos de Tlaxcalantongo que quedó en poder del entonces ministro de Guerra, Plutarco Elías Calles, hay varias copias fotostáticas de un telegrama manuscrito fechado el 21 de mayo, dirigido al general Francisco de P. Mariel y firmado por Paulino Fontes, Manuel Aguirre, Pedro Gil Farías, H. Villela, Ignacio Suárez, José J. Gómez y Francisco Espinosa:

> Mi general, hemos tenido conocimiento que avanza usted con su gente a combatir al general Herrero. Le participo que el señor Presidente se suicidó hoy en la madrugada y que todo el resto de los que le acompañábamos estamos prisioneros del señor general Herrero; por lo tanto le rogamos no nos ataque usted porque peligran nuestras vidas.

246

247

246. Herrero se indignó.
247. Lo que ha de suceder, que suceda.
248. Recordaba a su hermano Jesús.

En la caja fuerte del juzgado donde en junio de 1920 se ventilaban los hechos, se conservaba un acta en sentido similar firmada por las mismas personas:

> Los suscritos hacemos constar que el señor Presidente de la República, señor don Venustiano Carranza, según es de verse por la herida que presenta en el lado izquierdo de la caja del tórax, se dio un balazo con la pistola que portaba. El examen o autopsia indicará que el calibre de la bala corresponde al de su pistola, por lo que se deduce que él se privó de la vida. El combate fue de noche y durante él fue herido en una pierna. También hacemos constar que todos los que hemos sido hechos prisioneros hemos sido tratados con toda clase de garantías y consideraciones, compatibles con la situación en que nos encontramos. Hacemos constar que el jefe de las fuerzas que ocuparon el pueblo de Tlaxcalantongo es de filiación obregonista y quien hizo el ataque obedeciendo órdenes del general Manuel Peláez.

Ambos documentos fueron redactados cuando los firmantes eran prisioneros del general Herrero, por lo que en el juicio Aguirre Berlanga declaró haberlos firmado "en son de protesta". No obstante, Octavio Amador confesó a Elorduy que "todos firmamos el telegrama voluntariamente porque no nos obligó Herrero". Según el propio Amador, Mariel habría leído el telegrama —redactado por el mismísimo Aguirre Berlanga— sin aceptar petición, por lo que antes de liberar a los prisioneros, Herrero ordenó levantar el acta para salvaguardar su responsabilidad. Por otra parte, Aguirre Berlanga admitía "entender" que Herrero y Fontes "idearon la estratagema (del telegrama) para evitar los propósitos de Mariel". Fontes —director de los Ferrocarriles— no declaró en el juicio, pero el 10 de junio de 1922 escribió en privado a Adolfo de la Huerta —entonces en Nueva York— su versión de los hechos, una versión idéntica a la que en esos mismos días y en privado también, escuchó el propio De la Huerta de labios de Barragán:

> (...) cuando se nos incorporaron los señores licenciado Aguirre Berlanga, Mario Méndez, Pedro Gil Farías, mayor Ignacio Amador y capitán Ignacio Suárez, quienes pernoctaron en la misma choza que el extinto Presidente, nos dijeron que éste había sido herido en una rodilla por una bala enemiga, y que, después de decir que tenía una pierna destrozada, se disparó tres tiros con su propia pistola, tiros estos que le ocasionaron la muerte y uno de ellos que le lesionó el índice y el pulgar de la mano izquierda con la que se supone que sostenía contra su pecho el cañón de su arma. Al día siguiente, cuando en Xicotepec encontré al señor general Barragán... *me confirmó la versión, diciéndome haberla oído... del señor licenciado Aguirre Berlanga.*

RAL. J. CARRANZA Y OFI ALES

249

6) *Los propósitos de Herrero*

¿Tenía Herrero la intención de matar a Carranza? El general Basave y Piña, su enlace con Obregón, le había insistido en "capturar a Carranza y a la parvada de bandidos que lo seguía". A juzgar por los testimonios presenciales, los asaltantes gritaban todo género de palabras soeces a Carranza pero buscando siempre que "saliera". Amador, como se recuerda, sostuvo que el capitán Garrido, de las fuerzas de Peláez y Herrero, "intimó rendición", entró a la choza y al advertir la agonía de Carranza "ofreció un médico". En fin, según el propio capitán Amador Herrero, "se indignó" al enterarse de la muerte de don Venustiano.

La actitud inmediatamente posterior de Herrero no fue la de un magnicida sino la de un rebelde que "salvando a la patria" había cumplido con su deber. Con ese ánimo, el 23 de mayo se incorporó en Coyutla a las fuerzas del general Lázaro Cárdenas. Juntos hicieron el viaje a la capital para entrevistarse con el ministro de Guerra, Plutarco Elías Calles, a quien Herrero rindió su informe y entregó la pistola de Carranza.*

* El tribunal que juzgó los hechos en 1920 dejó en libertad a Herrero, pero no dictaminó sobre la hipótesis del suicidio ni ordenó —extrañamente— la exhumación del cuerpo para efectuar una autopsia formal. En enero de 1921 la Secretaría de Guerra dio de baja a Herrero equiparando su traición a la de Guajardo contra Zapata, pero los sonorenses volverían a utilizar oficialmente los servicios de Herrero en dos ocasiones: contra los delahuertistas en 1923 y contra los escobaristas en 1929. En 1937, Lázaro Cárdenas lo dio de baja en forma definitiva. Herrero murió de muerte natural en 1964. Siempre negó que hubiera habido un asesinato.

249. Herrero y Lázaro Cárdenas llegan a la ciudad de México.

De propósito se ha omitido aquí, aparte de la versión de Herrero, la de su lugarteniente Miguel B. Márquez. Ambas, desde luego, proponen la hipótesis alternativa. Márquez, por lo demás, incurre en el error significativo de decir que fueron dos y no tres los disparos en el tórax.

Al describir en *Muertes históricas* los momentos finales de Carranza, Martín Luis Guzmán cuidó cada letra, pero sin echar, *sólo al parecer*, su cuarto a espadas:

> Alargó don Venustiano el brazo para coger sus anteojos y ponérselos; mas al punto, sintiéndose herido, se empezó a quejar. Le preguntó Aguirre Berlanga, que también se había incorporado:
>
> —¿Le pasa a usted algo, señor?
>
> —No puedo levantarme; tengo rota una pierna.
>
> Suárez y Amador ya estaban de pie. Armados de sus pistolas intentaron salir. Frente a la puerta no había nadie: el ataque parecía venir sólo de la parte de atrás. Por un momento *los disparos fueron tan próximos que dos de ellos parecieron producirse en la choza misma.* Se volvió Suárez. A tientas llegó hasta don Venustiano y le pasó un brazo por la espalda, para levantarlo y ayudarlo a salir. Quiso hablarle, quiso animarlo, pero advirtió entonces que del cuerpo que tenía sujeto no salía ya más que un estertor.**

** Subrayado por Enrique Krauze.

250. "¡Ha muerto nuestro padre!"

250

251

251-252. Severa e inteligente paternidad.

Otros tres autores, éstos sí insospechables de anticarrancismo, admitieron con el tiempo, de una manera más o menos privada, la hipótesis alternativa. Bernardino Mena Brito la creía "muy posible" porque "sería una demostración de machismo del viejo". Luis Cabrera concedió la posibilidad y se preguntó: "¿Qué cosas tan graves le afligirían en sus últimos momentos que le obligaron a tomar tan extrema resolución?" José Rubén Romero indignó a tirios y troyanos sosteniendo, él sí abiertamente, la idea del suicidio.

El museo de la Casa de Carranza guarda las balas encontradas en el cuerpo de Madero. ¿Por qué las conservó Carranza? Quizá porque eran el símbolo de un destino y un desenlace pasivo que siempre quiso esquivar. Varias veces señaló que regresaría a México vencedor o muerto.

Con todo, el enigma persiste. ¿Cuál es la hipótesis válida? Murió Carranza balaceado desde afuera del jacal o —como es más probable— viéndose herido e inmovilizado tuvo el valor de apurar el cáliz tomando al destino literalmente en sus manos, para ser muerto pero no vencido?

En cualquier caso murió con una dignidad comparable a la de Miramón en Querétaro. Herrero, en cambio, no lo enfrentó como el pelotón en el Cerro de la Campanas, sino emboscado en la noche y el engaño.

Frente a su féretro abierto, rumbo al Panteón de Dolores, mujeres del pueblo se postraban llorando: "Ha muerto nuestro padre." Sin querer, lo expresaban todo en una palabra: aquel viejo tenaz había ejercido desde el pasado una severa e inteligente paternidad sobre la Revolución. Vestigio de otra sensibilidad y otro tiempo, finalmente hombre de la Reforma, Carranza había encauzado una lucha social que sin él acaso hubiese desembocado en un caos interminable. Puente entre siglos, Carranza llevó la historia mexicana a una orilla que no estaba en su libreto, una orilla más compleja pero también más sensible al dolor humano.

Créditos Fotográficos

1. Museo Venustiano Carranza.
2-3. The Library of Congress.
4-5. Hemeroteca Nacional.
6. Museo Venustiano Carranza.
7. Patrimonio Universitario. UNAM.
8. Hemeroteca Nacional.
9-10. Patrimonio Universitario. UNAM.
11. Hemeroteca Nacional.
12. Museo Venustiano Carranza.
13. Hemeroteca Nacional.
14. Centro de Estudios de Historia de México Condumex.
15. Museo Venustiano Carranza.
16. Patrimonio Universitario. UNAM.
17. Hemeroteca Nacional.
18. Centro de Estudios de Historia de México Condumex.
19-20. The Library of Congress.
21. Archivo General de la Nación.
22. Hemeroteca Nacional.
23. The Library of Congress.
24-25. Centro de Estudios de Historia de México Condumex.
26. Centro de Estudios sobre la Universidad. UNAM. Archivo Magaña.
27. Hemeroteca Nacional.
28. Centro de Estudios de Historia de México Condumex.
29-31. Patrimonio Universitario. UNAM.
32-33. Hemeroteca Nacional.
34-39. The Library of Congress.
40. Hemeroteca Nacional. Sentados: Jacinto B. Treviño, Venustiano Carranza, Eusebio Calzada. De pie: Francisco Urquizo y Epigmenio Rodríguez.
41. Centro de Estudios de Historia de México Condumex.
42-45. Hemeroteca Nacional.
46. The Library of Congress.
47. Hemeroteca Nacional.
48-49. Archivo General de la Nación.
50. Centro de Estudios sobre la Universidad. UNAM.
1. General Gabriel Hernández
2. Teniente Coronel Vidal Gómez
3. Doctor Felipe Duzart.
4. Capitán segundo Gumersindo Hernández.
5. Practicante de Medicina.
6. Capitán primero Macario Hernández.
7. Capitán Melgar
8. Teniente Gustavo Arévalo Vera.
9. Teniente A. Loyo.
10. Subteniente Donato M. Hernández.

51. Hemeroteca Nacional. Rafael Zubarán Capmany, Venustiano Carranza, Francisco Escudero y Felipe Ángeles.
52-56. Hemeroteca Nacional.
57-59. The Library of Congress.
60. Hemeroteca Nacional.
61. Patrimonio Universitario. UNAM.
62-63. Hemeroteca Nacional.
64. Centro de Estudios de Historia de México Condumex.
65-66. Centro de Estudios sobre la Universidad. UNAM. Archivo Magaña.
67-68. Hemeroteca Nacional.
69. Hemeroteca Nacional. Sentados, Otilio Montaño, Emiliano Zapata y El Agachado.
70-74. Hemeroteca Nacional.
75-76. The Library of Congress.
77. Patrimonio Universitario. UNAM.
78. Centro de Estudios sobre la Universidad. UNAM. Archivo Magaña. El zapatista Refugio Sánchez.
79. Hemeroteca Nacional.
80. Hemeroteca Nacional. Antonio Villarreal, Eduardo Hay, Eugenio Aguirre Benavides, Álvaro Obregón y Venustiano Carranza.
81. Hemeroteca Nacional.
82. Archivo General de la Nación.
83. Hemeroteca Nacional.
84. Centro de Estudios de Historia de México Condumex.
85. The Library of Congress.
86-87. Hemeroteca Nacional.
88. Centro de Estudios de Historia de México Condumex.
89. Hemeroteca Nacional.
90. Centro de Estudios de Historia de México Condumex.
91. Centro de Estudios sobre la Universidad. UNAM. Archivo Magaña.
92. Hemeroteca Nacional.
93. The Library of Congress.
94. Centro de Estudios de Historia de México Condumex.
95. Archivo General de la Nación.
96. Hemeroteca Nacional.
97. Hemeroteca Nacional.
98. Hemeroteca Nacional. En primer término a la izquierda, sentado, el actor Paco Gavilanes.
99-102. Hemeroteca Nacional.
103. Archivo General de la Nación.
104. Patrimonio Universitario. UNAM.
105. Centro de Estudios sobre la Universidad. UNAM. Archivo Aurelio Acevedo.
106. Hemeroteca Nacional.
107-111. Hemeroteca Nacional.
112. Hemeroteca Nacional. Sentados: Esther Torres y Ausencio Venegas; de pie: Timoteo García y Luis Harris.
113-119. Hemeroteca Nacional.
120. Archivo General de la Nación.
121. Centro de Estudios de Historia de México Condumex.
122. Hemeroteca Nacional.
123. Centro de Estudios de Historia de México Condumex.
124. Centro de Estudios sobre la Universidad. UNAM. Archivo Aurelio Acevedo.
125. Hemeroteca Nacional.
126. The Library of Congress.
127-128. Hemeroteca Nacional.
129. Archivo General de la Nación.
130. Centro de Estudios de Historia de México Condumex.
131. Hemeroteca Nacional.
132. Centro de Estudios de Historia de México Condumex.
133. Hemeroteca Nacional.
134-135. Archivo General de la Nación.
136. The Library of Congress.
137-138. Hemeroteca Nacional.
139. Centro de Estudios de Historia de México Condumex.
140-142. Archivo General de la Nación.
143-144. Centro de Estudios de Historia de México Condumex.
145. Hemeroteca Nacional.
146. Archivo General de la Nación.
147. Hemeroteca Nacional.
148. Archivo General de la Nación.
149. Centro de Estudios sobre la Universidad. UNAM. Archivo Aurelio Acevedo.
150. Hemeroteca Nacional.
151-154. Hemeroteca Nacional.
155. Centro de Estudios de Historia de México Condumex.
156-158. Hemeroteca Nacional.
159. The Library of Congress.
160-163. Hemeroteca Nacional.
164. The Library of Congress.
165-166. Hemeroteca Nacional.
167. Hemeroteca Nacional. Rosendo Salazar, Alfonso Guerrero, Manuel Herrera Ortiz, Miguel Sánchez y Rafael Quintero.
168-175. Hemeroteca Nacional.
176. Centro de Estudios de Historia de México Condumex.

177. Centro de Estudios sobre la Universidad. UNAM. Archivo Magaña.
178-179. Hemeroteca Nacional.
180. Patrimonio Universitario. UNAM.
181. Archivo General de la Nación.
182-184. Hemeroteca Nacional.
185-186. Centro de Estudios de Historia de México Condumex.
187-188 Centro de Estudios de Historia de México Condumex.
189. Dirección General de Derechos de Autor. SEP.
190. Centro de Estudios sobre la Universidad. UNAM.
191. Archivo General de la Nación.
192. Centro de Estudios de Historia de México Condumex.
193. Hemeroteca Nacional.
194. Centro de Estudios de Historia de México Condumex.
195. Centro de Estudios sobre la Universidasd. UNAM.
196-197. Patrimonio Universitario. UNAM.
198. The Library of Congress.
199-200. Hemeroteca Nacional.
201. Centro de Estudios de Historia de México Condumex.
202-204. Hemeroteca Nacional.
205-206. Centro de Estudios sobre la Universidad. UNAM. Archivo Aurelio Acevedo.
207. Centro de Estudios de Historia de México Condumex.
208-217. Hemeroteca Nacional.
218. Centro de Estudios de Historia de México Condumex. Carranza postulado para la presidencia por un grupo de empleados públicos.
219-228. Hemeroteca Nacional.
229. Centro de Estudios sobre la Universidad. UNAM. Archivo Urquizo.
230. Centro de Estudios de Historia de México Condumex.
231. Centro de Estudios sobre la Universidad. UNAM. Archivo Urquizo.
232-236. Hemeroteca Nacional.
237-238. Centro de Estudios sobre la Universidad. UNAM. Archivo Urquizo.
239-243. Centro de Estudios de Historia de México Condumex.
244- Hemeroteca Nacional.
245. Centro de Estudios de Historia de México Condumex.
246-247. Hemeroteca Nacional.
248. Centro de Estudios de Historia de México Condumex.
249. Hemeroteca Nacional.
250. Centro de Estudios de Historia de México Condumex.
251. Hemeroteca Nacional.
252. Archivo General de la Nación.

Bibliografía

LIBROS, ARTÍCULOS Y FOLLETOS

Aldama Rendón, Mario, *Introducción al pensamiento político de Flores Magón y Carranza*, Universidad de Guadalajara, México, 1977.

Alessio Robles, Miguel, "El viejo pachorrudo y conspirador", en *El Universal*, 26 de febrero de 1940.

---, "Cómo se conocieron Carranza y Obregón", en *El Universal*, 26 de marzo de 1927.

Anónimo, "Hasta los obregonistas se burlan del suicidio de don Venustiano", en *El Universal*, 20 de julio de 1951.

---, *Carranza*, Ed. de Cultura y Ciencia Política, México, 1971.

---, "Una pregunta vieja: ¿Carranza se suicidó?", en *Hoy*, 19 de diciembre de 1942.

Barragán, Juan, *Historia del ejército y de la revolución constitucionalista*, Talleres de la Editorial Stylo, México, 1946.

---, "Bosquejo histórico-revolucionario de la figura del Primer Jefe", en *El Universal*, 7 de febrero de 1945.

---, "La honradez de los hombres de la Revolución", en *El Universal*, 8 de enero de 1953.

---, "El carácter y la honradez de Carranza", en *El Universal*, 10 de junio de 1953.

Blasco Ibáñez, Vicente, *El militarismo mexicano*, Prometeo, Valencia, 1920.

Beezley, William H., "Governor Carranza and the Revolution in Coahuila", en *The Americas*, 33, Núm. 1, octubre de 1976.

Beltrán, Ramiro, "Así veía Madero a Carranza en 1909", en *Hoy*, 18 de agosto de 1951.

Benítez, Fernando, *El rey viejo*, Fondo de Cultura Económica, México, 1959.

Beteta, Ramón, *Camino a Tlaxcalantongo*, Fondo de Cultura Económica, México, 1961.

Breceda, Alfredo, *México revolucionario*, T. I, Tipografía Artística, Madrid, 1920.

---, *Don Venustiano Car'anza, rasgos biográficos*, folleto, México, 1912.

Clark, Marjorie Ruth, *Organized Labor in Mexico*, Chapel Hill, The University of North Carolina Press, 1934.

Cabrera Luis, *La herencia de Carranza, por el Lic. Blas Urrea*, Imprenta Nacional, México, 1920.

Carranza Castro, Jesús, *Origen, destino y legado de Carranza*, Costa-Amic, Editor, México, 1977.

Casasola, Gustavo, *Biografía ilustrada de Venustiano Carranza*, Ed. Gustavo Casasola, México, 1974.

Córdova, Arnaldo, *La ideología de la Revolución Mexicana. Formación del nuevo régimen*, Ediciones Era, 1973.

Cosío Villegas, Daniel, *La Constitución de 1857 y sus críticos*, Editorial Hermes, 1957.

---, *Historia moderna de México. El porfiriato, su vida política interior*, segunda parte, Editorial Hermes, 1971.

---, "La crisis de México", en *Extremos de América*, Fondo de Cultura Económica, 1949.

Cumberland, Charles C., *La Revolución Mexicana, los años constitucionalistas*, Fondo de Cultura Económica, México, 1972.

---, "Huerta y Carranza ante la ocupación de Veracruz", en *Historia Mexicana*, núm. 24, 1957.

Fabela, Isidro, *La victoria de Carranza*, Editorial Jus, México, 1978.

Fabela, Isidro, *Historia diplomática de la Revolución Mexicana*, Fondo de Cultura Económica, México, 1958-1959.

Fabela, Josefina E. de, "Testimonios sobre los asesinatos de don Venustiano Carranza y Jesús Carranza, en *Documentos Históricos de la Revolución Mexicana*, vols. XVIII y XIX. Editorial Jus, México, 1971.

Freeman Smith, Robert, *The United States and Revolutionary Nationalism in Mexico, 1916-1932*, University of Chicago Press, Chicago, 1972.

Fornaro de, Carlo, *Carranza and Mexico*, Mitchell Kennerley, Nueva York, 1915.

Garciadiego, Javier, "El gobierno constitucionalista de Venustiano Carranza, 1917-1920".

García, Rubén, "El romano Belisario, figura eterna. Lectura de don Venustiano Carranza", *El Demócrata Sinaloense*, 16 de febrero de 1950.

Gibbon, Thomas Edward, *Mexico under Carranza*, Doubleday, 1919.

Gil, Miguel, "Tengo prestada la vida desde 1913, contestó don Venustiano Carranza", en *La prensa*, 27 de julio de 1943.

Gómez Morín, Manuel, "1915", en *Cuadernos Mexicanos*, 1926.

González Ramírez, Manuel, *Planes políticos y otros documentos*, tomo 1 de las *Fuentes para la Historia de la Revolución Mexicana*, Fondo de Cultura Económica, 1974.

González Navarro, Moisés, *México. El capitalismo nacionalista*, Costa-Amic Editor, 1970.

---, *La Confederación Nacional Campesina*, Costa-Amic Editor, 1968.

González Blanco, Andrés, *Un déspota y un libertador*, Imprenta Helénica, Madrid, 1916.

González Blanco, Pedro, *De Porfirio Díaz a Carranza*, Imprenta Helénica, Madrid, 1913.

Guzmán, Martín Luis, "El Águila y la Serpiente", Editorial Aguilar, *La novela de la Revolución Mexicana*, tomo II, México, 1960.

---, *Muertes históricas*, Cía. General de Ediciones, México, 1970.

Ibarra de Anda, F.: "Se suicidaría don Venustiano", en *Todo*, 5 de febrero de 1945.

Investigación sobre el asesinato del C. Venustiano Carranza", en *Archivo Plutarco Elías Calles.*

Junco, Alfonso, *Carranza y los orígenes de su rebelión*, Editorial Jus, México, 1955.

Katz, Friedrich, *The Secret War in Mexico*, University of Chicago Press, Chicago, 1981.

López de Roux, María Eugenia, "Relaciones México-Norteamericanas (1917-1918)" en *Historia Mexicana*, vol. 14 (55).

Márquez, Miguel B., *El verdadero Tlaxcalantongo*, A. P. Márquez, editor, Méjico, 1941.

Mena Brito, Bernardino, *Carranza. Sus amigos, sus enemigos*, Ediciones Botas, México, 1935.

---, *Ocho diálogos con Carranza*, Ediciones Botas, 1933.

Medina, Hilario, "Emilio Rabasa y la Constitución de 1917", en *Historia Mexicana*, X:2 (38).

Meyer, Jean, "Los obreros en la Revolución Mexicana: 'Los Batallones Rojos'", en *Historia Mexicana*, vol. XXI, núm. 1 (81), 1971.

---, Meyer, Jean, *La Cristiada. El conflicto entre la Iglesia y Estado*, Siglo XXI Editores, México, 1973.

Meyer, Lorenzo, *México y Estados Unidos en el conflicto petrolero* (1917-1942), El Colegio de México, 1972.

Orozco, José Clemente, *Autobiografía*, Ediciones Era, 1981.

Paz, Octavio, *El laberinto de la soledad*, Fondo de Cultura Económica, 1959.

Palavicini, Félix, *Mi vida revolucionaria*, Ediciones Botas, México, 1937.

---, y otros, *El Primer Jefe*, Editorial Porrúa, México, 1949.

Quirk, Robert E., "Liberales y radicales en la Revolución Mexicana", en *Historia Mexicana*, vol. 2, núm. 4, abril-junio de 1953.

Reed, John, *México insurgente*, Ed. Ariel, Barcelona, 1969.

Richmond, Douglas W., "Carranza: the Authoritarian Populist as Nationalist President", en *Essays on the Mexican Revolution*, George Woolfskill y Douglas Richmond (comps.), University of Texas Press, Austin y Londres, 1979.

---, "The Venustiano Carranza Archive", en *Hispanic American Historical Review*, 56, mayo de 1976.

---, "El nacionalismo de Carranza y los cambios socioeconómicos, 1915-1920", en *Historia Mexicana*, 26, núm. 101 julio-septiembre de 1976.

Ruiz Ramón, Eduardo, *México: La gran rebelión, 1905-1924*, Ediciones Era, 1980.

Suárez, Ignacio G., *Carranza, el forjador del México actual*, Costa-Amic Editor, México, 1965.

Serralde, Francisco A., *Los sucesos de Tlaxcalantongo y la muerte del ex-presidente de la República, C. Venustiano Carranza*, amparo promovido por el defensor de Rodolfo Herrero contra los actos del Presidente de la República y de la Secretaría de Guerra, México, Imprenta Victoria, 1921.

Tannenbaum, Frank, "México: La lucha por el pan y la paz", en *Problemas Agrícolas e Industriales de México*, octubre-diciembre de 1951.

Tamayo, Jorge L., *Epistolario de Benito Juárez*, Fondo de Cultura Económica, 1957.

Taracena, Alfonso, *Venustiano Carranza*, Editorial Jus, México, 1963.

Ulloa, Berta, "La revolución escindida", en *Historia de la Revolución Mexicana (periodo 1914-1917)*, vol. 4, El Colegio de México, México, 1979.

--- *"La encrucijada de 1915"*, *Historia de la Revolución Méxicana (periodo 1914-1917)*, vol. 5, El Colegio de México, México, 1979.

Urquizo, Francisco, *Páginas de la Revolución*, Talleres Gráficos de la Nación, México, 1956.

---, *Asesinato de Carranza*, Populibros *La Prensa*, México, 1959.

---, *Venustiano Carranza*, Edición facsimilar del texto publicado en 1939, Talleres de la Editorial Libros de México, 1976.

Vasconcelos, José, *La tormenta*, Ediciones Botas, México, 1936.

Vasconcelos, José, *La caída de Carranza: de la dictadura a la libertad*, Imprenta de Murguía, México, 1920.

Vera Estañol, Jorge, *Historia de la Revolución Mexicana. Orígenes y resultados*, Editorial Porrúa, 1967.

---, *Carranza and his Bolshevik Regime*, Wayside Press, Los Ángeles, 1920.

Villarelo Vélez, Ildefonso, *Historia de la Revolución Mexicana en Coahuila*, Biblioteca del Instituto Nacional de Estudios Históricos de la Revolución Mexicana, México, 1920.

Villarreal, Concha de, "Barbudo que era don Venustiano", en *Todo*, 10 de marzo de 1938.

Womack, John, *Zapata y la Revolución Mexicana*, Siglo XXI Editores, México, 1969.

Índice

Este libro se terminó de imprimir y encuadernar en el mes de noviembre de 2002 en Impresora y Encuadernadora Progreso, S. A. de C. V. (IEPSA), Calz. de San Lorenzo, 244; 09830 México, D. F. Se tiraron 4 000 ejemplares.

Colecciones del FCE

Economía
Sociología
Historia
Filosofía
Antropología
Política y Derecho
Tierra Firme
Psicología, Psiquiatría y Psicoanálisis
Ciencia y Tecnología
Lengua y Estudios Literarios
La Gaceta del FCE
Letras Mexicanas
Breviarios
Colección Popular
Arte Universal
Tezontle
Clásicos de la Historia de México
La Industria Paraestatal en México
Colección Puebla
Educación
Administración Pública
Cuadernos de La Gaceta
Río de Luz

La Ciencia desde México
Biblioteca de la Salud
Entre la Guerra y la Paz
Lecturas de El Trimestre Económico
Coediciones
Archivo del Fondo
Monografías Especializadas
Claves
A la Orilla del Viento
Diánoia
Biblioteca Americana
Vida y Pensamiento de México
Biblioteca Joven
Revistas Literarias Mexicanas Modernas
El Trimestre Económico
Nueva Cultura Económica